有一门课程叫玉兰花开

杨传峰 著

中国海洋大学出版社

·青岛·

图书在版编目(CIP)数据

有一门课程叫玉兰花开 / 杨传峰著. -- 青岛：中
国海洋大学出版社，2025.4. -- ISBN 978-7-5670-4201-
8

Ⅰ. G627

中国国家版本馆 CIP 数据核字第 2025B1Q755 号

出版发行	中国海洋大学出版社			
社　　址	青岛市香港东路 23 号		邮政编码	266071
出 版 人	刘文菁			
网　　址	http://pub.ouc.edu.cn			
电子信箱	1365898479@qq.com			
订购电话	0532-82032573(传真)			
责任编辑	张瑞丽		电　　话	0532-85901040
印　　制	日照日报印务中心			
版　　次	2025 年 4 月第 1 版			
印　　次	2025 年 4 月第 1 次印刷			
成品尺寸	170 mm×240 mm			
印　　张	12.5			
字　　数	192 千			
印　　数	1～1000			
定　　价	59.00 元			

发现印装质量问题,请致电 0633-2298958,由印刷厂负责调换。

目 录
CONTENTS

教育研究篇

反思感悟篇

参考文献

校本课程篇

学校办学的核心是生成文化,文化与教育相伴而生、相随而行。在临沂银城小学的校园里,建校时种下的玉兰如今愈发挺拔,每至花期,一树花开,满园花香。临沂银城小学结合学校实际和办学历史,在充分调研的基础上,提出了"玉兰文化"品牌。为彰显品牌特点,努力挖掘"玉兰"的文化内涵,学校把玉兰树定为校树,玉兰花定为校花。玉兰花不娇艳、不媚俗、落落大方、素雅高洁,可谓"内外兼修":素雅纯洁的形象气质令人向往,馥郁芬芳的内在神韵令人景仰。因此,学校将"内外兼修"作为师生努力的方向。玉兰从不挑剔生长之地,以极强的适应能力展现出生命的坚韧,它向着阳光奋力生长,充分绽放生命的力量,象征着优雅、高洁、进取和向上。所以,学校精心提炼了24字"玉兰文化"核心理念:公开、公平、公正,敬业、奉献、担当,互帮、互信、互重,团结、合作、共赢。

优秀的文化不仅要深深根植于思想,还要具体落实到行动中。学校努力打造"玉兰树下党旗红"的党建品牌,并在玉兰花开时节组织师生开展以"让每一朵生命之花幸福绽放"为主题的玉兰花开系列实践活动。师生们漫步于校园中,悠然欣赏着玉兰花那优雅的姿态、纯洁的色泽。学校通过挖掘玉兰花的花语、寓意、传说故事、名人诗词等开发出独具特色的校本融合课程,在知玉兰、识玉兰、赏玉兰、画玉兰、诵玉兰的过程中,师生们的爱校意识日益强烈,崇尚自然、追求美丽的情感也如同种子般在心底落地生根;同时,学校开展了最美班级评选、最美诗歌朗诵创作大赛、校园文化艺术节等一系列活动,让文化润物细无声地浸润孩子多彩的童心。

粉黛无需他人衬,立于枝头恰指春。师者如兰,香远益清。愿我们与玉兰结伴而行,遇见更美好的教育姿态。

有一门课程叫玉兰花开

卡尔·雅斯贝尔斯说过："教育只能根据人的天分和可能性来促使人的发展,教育不能改变人生而具有的本质。"没有一个人能完全发挥自己的天分,而教育可以唤醒那些未被意识到的天分。课程便是那块能激发孩子潜能的试金石。对大多数一线教育工作者而言,课程是一个既熟悉又陌生的事物。一方面,他们每天都与课程打交道;另一方面,他们又普遍缺乏对课程的基本理解与认识。

近年来,"课程"这个概念引起了教育界的高度关注和热议。课程意识、课程能力、课程开发、课程领导力等都成为热议的话题。为了深化对课程的理解,学校在暑假组织老师们阅读了万伟博士的《课程的力量》一书。作者游走于"理论"和"实践"之间,为一线教育工作者勾勒了一幅关于课程理论与实践的全景图,并用大量的案例展示了课程的力量。

课程就在我们身边。课表上的科目是课程,教师设计的活动是课程。总而言之,课程是学习者在学校指导下所获得的全部经验。它以学生的需要为起点,以学生的学习活动为支撑,以学生的发展为终点。课程激发孩子潜能的力量是不可小觑的。

基于这样的课程观,可以说,老师们一直都在做课程,天天都在做课程,始终做的都是课程。除了国家课程、地方课程之外,其他的课程统称为校本课程。学校结合实际,提出了玉兰花开校本课程。

一、定位缘由与目标,遇见玉兰花开课程

一踏入校门,映入眼帘的是建校时种下的两棵高大挺拔的玉兰树。玉兰树摇曳生姿,一树花开,满园芬芳。因此,学校将玉兰树定为校树,玉兰花

定为校花,并努力挖掘玉兰文化的深层内涵,将"内外兼修"作为师生共同追求的方向,提炼出 24 字的玉兰文化核心理念,全力打造学校的玉兰文化品牌。

玉兰花开课程以"进取、向上、向善、向阳"为育人目标,以孩子为中心,将"让每一朵生命之花幸福绽放"作为终极目标。

每一朵:强调了教育的全面性、公平性和普惠性。

花:五颜六色,花期不同,特性各异,色彩斑斓。这体现了教育对象的差异性和多元性。

生命:花是有生命的、有灵性的。教育要关注孩子的生命,遵循生命成长的规律,焕发生命成长的活力。让教育回归生命,让爱回归课堂,让每个生命成为最好的自己。

绽放:这是一个动态的过程。每一朵花争奇斗艳,竞相开放,形成花团锦簇、美不胜收的景象。这正是学校所期待的教育样态。

教育工作者要让课程成为一种力量,帮助每个人找到适合自己的发展路径,并提供必要的发展支撑。这正是课程最核心的理念。

二、多元融合与实施,丰富玉兰花开课程内涵

学校倡导"让每一朵生命之花幸福绽放"的办学理念,以玉兰花为课程资源,深入挖掘并提炼玉兰花的花语、寓意、传说故事以及名人诗词等,开发了玉兰花开校本课程,并编撰了优秀成果集锦。师生们识玉兰,了解玉兰特征;知玉兰,分享故事传说;赏玉兰,定格最美瞬间;画玉兰,写意玉兰神韵;颂玉兰,赞美玉兰精神。这一课程不仅凸显了学生的主体地位,还注重了学生的感受与体验,旨在增强师生的爱校意识,让崇尚自然、追求美丽的情感在心中落地生根。

需要明确的是,校本课程开发并非简单地增设几门新课程或编写几本新教材。其首要任务是对国家课程进行校本化的二次开发。通过这一过程,确保国家课程能够开齐、开足、开好。国家课程校本化的实施旨在将单薄的教材立体化、丰富化,尽量还原学科课程本来的面貌,从学生的角度出发,将"教材"转化为"学材"。教师需要准确把握课程标准、教材、教学和学

生发展之间的关系,牢记课程标准的根本要求,灵活使用教材,拓展多样化的课程资源,并根据学生的实际需求进行创新性教学,从而最大限度地促进学生的全面发展。

学校的语文教师团队开展了语文跨学科教学的探索与实践。学期初,她们基于二年级上册语文课本的内容,制订了详细的跨学科教学计划,并确定了本学期的七期跨学科教学活动,如表1所示。

表1 二年级上册语文跨学科教学活动

活动期数	活动主题	对应课文	跨学科内容	成果
第一期	生物变形记	小蝌蚪找妈妈	生物的变态发育	生物变形记画报
第二期	种子旅行记	植物妈妈有办法	植物传播种子的方法	种子旅行记画报
第三期	水的奥秘	我是什么,企鹅寄冰	自然科学:水的物态形式	水的奥秘手抄报
第四期	云游中国	黄山奇石,日月潭	中国地理及旅行知识	旅行路线图及旅行记录册
第五期	画家乡	语文园地四(画家乡)	地理:了解自己的家乡,认识临沂	画家乡
第六期	捡秋之秋叶门帘	树之歌	认识并欣赏秋叶,制作秋叶门帘	秋叶门帘
第七期	风之力	风娃娃	了解风的形成,认识风的等级	制作风车

秋冬季节,法国梧桐的落叶铺满校园,金色的叶子格外引人注目。学生们时而在落叶间快乐奔跑,时而将落叶拿在手中变着花样儿玩耍。通常情况下,这些落叶会被保洁师傅当作垃圾清扫掉。然而,学校的语文教师团队敏锐地捕捉到了这一教育契机,从课文《树之歌》出发,拓展延伸出跨学科主题活动——"捡秋"和"落叶上的书法"。学生们通过小组合作用胶带将捡到的落叶粘贴成门帘,挂在教室门口;他们还尝试在树叶上写毛笔字,感受自然与艺术的融合。

从课堂走向课程，从教学走向课程，教师需要站在课程的高度，用课程思维去思考、整合、设计、实施、评价、反思和修正，从而形成一个闭环。在这个过程中，教师的课程意识得以培养，课程思维得以锻炼，课程开发能力得以形成。

三、创造性规划与设计，构建"玉兰花开"课程体系

国家三级课程管理制度的建立为校本课程提供了广阔的空间，学校的发展重心也从"正确地做事"转向"做正确的事"。创造性规划与校本化课程体系成为实现教育理念的基本载体。在团队的集体探讨与努力下，学校构建了"45667玉兰花开主题课程"体系，旨在落实立德树人的根本任务。该课程体系围绕以下核心要素展开。四大特质：质朴如兰、执着如兰、独立如兰、自信如兰；五育目标：崇德、善学、健体、尚美、勤劳；六个维度：思想品德、学业水平、身心健康、艺术素养、创新实践、特长发展；六大内容："立德花""启智花""健体花""尚美花""实践花""特色花"六花课程；七大版块：习惯养成课程、阅读课程、社团课程、环保课程、节假日课程、劳动课程、生活实践课程。通过这一课程体系，学校力求让每一朵"生命之花"都能在教育的滋养下幸福绽放。

为了进一步完善玉兰花开校本课程建设，学校制订了以下工作规划。

（1）编制课程实施纲要方案，明确课程实施的指导思想、目标、内容和方法。

（2）细化校本课程设置与安排，确保课程的科学性和系统性。

（3）加强三级课程融合发展，实现国家课程、地方课程和校本课程的有机结合。

（4）完善素养导向的课程评价，建立以学生发展为中心的评价体系。

（5）开发地域课程资源和社会课程资源，完善校本课程资源库，丰富课程内容。

教育的使命是培养一个幸福的、完整的人。让我们守望花开，共同见证每一个孩子的成长与绽放。

识玉兰，了解植物特征

玉兰原产于中国中部地区，现在全国各地均有分布，是我国的传统名花之一。玉兰早春开花，花大而美丽，是园林绿化中重要的观赏树种之一。教师组织开展"识玉兰"主题班会，向学生介绍玉兰的相关知识并引导学生观察校园里的玉兰，帮助学生了解玉兰的名称来源、形态特征、生长特点以及养护知识等，培养学生对自然美的欣赏能力。

一、玉兰名称的渊源

明朝以前，玉兰和其他木兰科的植物统称"木兰"。明朝李贤、彭时等纂修的《大明一统志》中首次明确出现"玉兰"这一名称。明朝王象晋的《二如亭群芳谱》记载："玉兰花九瓣，色白微碧，香味似兰，故名。"因其花瓣洁白且有似兰的香味，花形美丽如玉树，所以得名"玉兰"。后来，清朝吴其濬的《植物名实图考》对玉兰的特征进行了更清晰的描述。

二、玉兰之色

玉兰花色丰富多样，常见的有以下几种。

白色：如白玉兰，花朵呈纯白色，花瓣质地细腻，盛开时如雪花挂满枝头，给人一种清新脱俗、纯洁无瑕的美感。

紫色：紫玉兰的花朵为紫红色，花瓣颜色从浅紫到深紫渐变，枝条也略带紫色，开花时显得高贵典雅。

粉色：如二乔玉兰会呈现出粉色花朵，粉色的花瓣使玉兰花更添一份娇羞与柔美。

黄色：黄玉兰较为罕见，其花朵呈鲜艳的黄色，如黄桷兰，花色明亮，在阳光照耀下金光闪闪,为园林景观增添了活泼与亮丽的色彩。

红色:红色的玉兰花较少见,有一些品种的玉兰花的花瓣呈现出鲜艳的红色,娇艳夺目,极具视觉冲击力。

双色或多色:部分特殊的玉兰品种的花瓣会呈现出两种或多种颜色的斑块或斑纹,如二乔玉兰,白色花瓣上带有深紫色纹路。

三、玉兰之香

古代文人墨客用优美的诗句描绘了玉兰之香。文徵明曾写道:"影落空阶初月冷,香生别院晚风微。"这一句诗将玉兰花悦人的芳香描写得淋漓尽致。清代朱廷钟的《满庭芳·玉兰》写道:"刻玉玲珑,吹兰芬馥,搓酥滴粉丰姿。"这句诗用"刻玉""吹兰"等意象,描绘了玉兰花的玲珑剔透和芬芳馥郁。

四、玉兰之姿

古代文人墨客用优美的诗句描绘了玉兰之姿。明代沈周曾写道:"翠条多力引风长,点破银花玉雪香。"这句诗生动地描绘了玉兰花的美丽姿态和清新香气,将其比作银花玉雪。明代睦石的"霓裳片片晚妆新,束素亭亭玉殿春"将玉兰花比作晚宴新妆的美人,亭亭玉立于春殿之中。文徵明写道:"绰约新妆玉有辉,素娥千队雪成围。"他将玉兰花比作新妆的仙女,素雅洁白。

五、玉兰的生长特点

玉兰的生长特点如下。

(一)光照需求

玉兰对光照需求较高,在生长期间每天需不少于6 h的光照,充足的光照有利于植株充分进行光合作用,促进花芽分化,使花朵更加繁茂、鲜艳。但在夏季,玉兰要避免烈日暴晒,以防叶片被灼伤。

(二)温度适应

玉兰具有一定的耐寒性,在华北、东北地区南部均可露地越冬。玉兰生长的适宜温度为 15℃～25℃,温度过高或过低都会对其生长产生一定影响。

(三)土壤要求

玉兰适宜生长在疏松、肥沃的土壤中,这样的土壤有利于根系的生长和呼吸,使其能够更好地吸收水分和养分。玉兰具有肉质根,不耐积水,因此土壤的排水性要好,否则容易导致根部腐烂,宜选择砂壤土或黄沙土。玉兰偏好偏酸性的土壤。

(四)水分控制

玉兰既不耐旱也不耐涝,在生长过程中需要保持土壤湿润,但不能积水。春季和夏季是玉兰的生长期,需保持土壤湿润,同时园丁也要常向叶片喷水以增加空气湿度;秋季要减少浇水次数;冬季要保持土壤偏干。

(五)生长周期

玉兰通常先开花后长叶,花朵在早春时节绽放,花期一般为 2—3 月,部分地区的玉兰在 7—9 月还会再开一次花,花谢后才开始长叶。

知玉兰，搜集故事传说

学校的语文教师组织开展玉兰故事传说分享会，师生通过查找资料等方式搜集玉兰相关的故事传说，通过朗读、阅读等方式，熟知玉兰优雅、高洁、进取和向上的寓意，感知玉兰的品质。

（一）玉兰的传说故事

相传，在很久很久以前，一个海边小渔村里住着姐妹三人，老大名叫紫玉兰，老二名叫黄玉兰，老三名叫白玉兰。

有一天，三姐妹出海打鱼回来，发现村里人都好像生了病一样，有气无力地躺在家中，平时热闹纷繁的场景不见了，整个村子一片死寂。

三姐妹十分惊异，她们询问情况后得知，原来，秦始皇为了搜刮修长城的物资，命人竭海捕捞，把海中龙王的公主也杀死了，致使龙王大怒，锁了海底盐库，海水变成了淡水，因此海边渔村就失去了盐。人们吃不到盐，身体疲乏无力，仿佛风一吹就会倒下。

三姐妹得知了原委，十分同情村民们，然后她们就潜入海中去找龙王，想把海盐要回来。可是，无论三姐妹如何解释和央求，龙王都不听，依旧将怒火转嫁到所有村民身上。

在遭到龙王多次拒绝以后，三妹想出了一个办法，她向上天祈求把自己变为一棵白玉兰树，树上开满香气袭人的白玉兰。两个姐姐就摘下白玉兰花潜入海中，用花香迷倒了看守盐库的蟹将军，然后趁机将盐库凿穿一个洞，让盐重新进入海水。

村子里的人得救了。为了不让龙王再次封存海盐，白玉兰的两个姐姐也化身为玉兰树，分别开出了紫色和黄色的玉兰花。

当三姐妹化身为玉兰树时，她们获得了永恒的生命，也向人间传达出善良和勇气能够改变现实的思想理念。

（二）玉兰的神话故事

在古代传说中，玉帝派遣神仙四处寻找奇花异草。有一次，天宫的仙女们发现了一种格外迷人的花朵，它的花瓣洁白如雪，散发着淡淡的清香，令人心醉。仙女们将这种花带回天宫，献给了玉帝。玉帝一见倾心，便将其命名为"玉兰花"。从此，玉兰花成为天宫的珍宝，许多神仙争相向玉帝请教种植之法。然而，玉帝却告诉他们，唯有能让玉兰花在凡间生长的人，才能真正掌握它的种植秘诀。

时光流转，一个名叫玉珍的女孩出现了。她深爱玉兰花，曾多次深入大山寻找它的踪迹，并尝试在自己的花园中种植。然而，无论她如何努力，玉兰花始终不肯在凡间扎根。玉珍并未放弃，她虔诚地向诸天神祈求玉兰花种植的秘诀。诸天神被玉珍的纯净与执着打动，决定成全她的心愿。于是，玉兰花终于在玉珍的花园中生根发芽。它迎着日晒，顶着风吹雨打，依然傲然绽放，洁白的花瓣中露出晶莹的花蕊。人们目睹这一幕，无不为玉兰花的坚韧与勇敢所感动。

从此，玉兰花在凡间广为种植。现在，我们经常在公园或花园中见到它的身影。它提醒我们无论遇到什么困难，都要坚持不懈地追求梦想，终会迎来属于自己的光芒。

玉兰的神话故事告诉我们，一颗纯净、善良、勇敢的心灵，必将绽放出充满力量、神奇与美丽的光芒。

赏玉兰,定格最美瞬间

　　玉兰花开时节,学校组织学生们到校园中观赏玉兰花,热爱摄影的教师积极拍摄了玉兰花开的照片及学生们的合照。图1是毕建琴老师的摄影作品,图2是徐肖老师的摄影作品,图3是学生们欣赏玉兰花时的合照。

图1　毕建琴老师摄影作品

图 2　徐肖老师摄影作品

图 3　学生们欣赏玉兰花时的合照

画玉兰,写意玉兰神韵

在识玉兰、知玉兰、赏玉兰活动之后,学校组织学生用 A4 纸画一画心中的玉兰花,并将玉兰花的故事传说或相关诗词融入"玉兰花开"小报。图 4 至图 6 是学生们的"玉兰花开"小报作品。

图 4 "玉兰花开"小报作品 1

图5 "玉兰花开"小报作品2

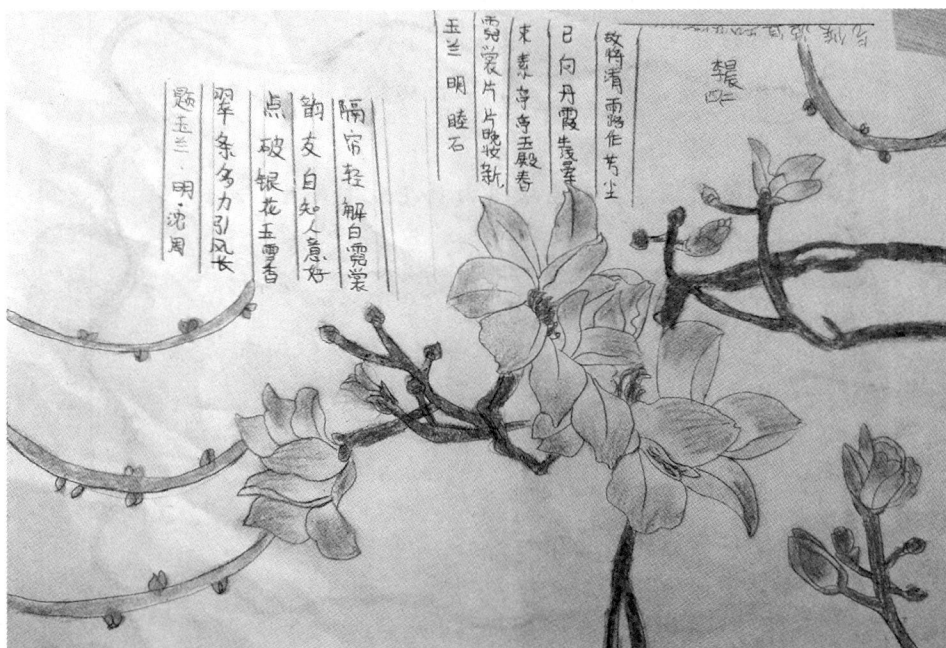

图6 "玉兰花开"小报作品3

诵玉兰，赞美玉兰精神

班内开展诵玉兰的活动，每个班推选一名优秀朗读者，参加学校第一届"玉兰花开"最美朗读者评比活动，学校为优秀者颁发证书。师生们的诗词作品如下所示。

银城玉兰花赞

春天，百花盛开，处处勃勃生机。

尤其是我们校园那盛开的一树树玉兰花，

迎风摇曳，满树芬芳。

银城的玉兰花呀，

那花，皎洁无瑕，仿佛是一只只落在树上停歇的白蝴蝶。

春风吹过，

雪白的蝴蝶在天空中自由自在地飞来飞去。

银城的玉兰花呀，

那满树冰清玉洁的花，

远远望去，又恰似一位身披白色裙纱的仙女，

正在风中翩翩起舞。

银城的玉兰花呀，

那阵阵清香，沁人心脾，

像一盏盏精美的明灯，发出柔和的知识之光，

美了校园每一个角落，美了银城每一个少年。

啊，多么旺盛的白玉兰呀！

你虽没有丁香的婉约、桃花的红艳，

但我们每一个学生将你爱，

每一个学生将你欣赏，

历史上文人墨客也将你赞叹，

明代睦石《玉兰》中赞你，

霓裳片片晚妆新，束素亭亭玉殿春。

已向丹霞生浅晕，故将清露作芳尘。

屈原《楚辞》中赞你，

朝饮木兰之坠露兮，辛夷车兮结桂旗。

银城的玉兰花呀，

你高洁、芬芳、真挚，

你教会了我们银城学子要有君子之德风，

品行高洁、正直，勇敢！

德行谦恭、进取、向上！

无畏寒风朔雪，不惧困难挫折。

银城的玉兰花呀，

你教会了我们银城学子要有淑女之风范，

净若清荷尘不染，色如白云美如仙。

端庄优雅，展自然之美，显温柔之风，

不娇艳，不媚俗，不庸碌。

何方可化身千亿，

一树玉兰一少年。

玉兰花精神呀，

你已深深融入银城每一个学子心灵。

(作者：姬生雷老师)

美丽的玉兰花

春天，万物复苏，太阳公公早早地起了床，厚厚的积雪逐渐融化了，洁白无瑕的玉兰花悄悄地绽放了。

远远望去，那皎洁无瑕的玉兰花宛如一只只落在树上停歇的白蝴蝶。突然，迎面吹来了一阵柔和的春风，洁白如雪的蝴蝶就在天空中自由自在地飞来飞去。

我走近一瞧，呀！玉兰花缀满枝头，各种各样的姿态数不胜数，有的紧紧裹着一件黄绿色的绒衣，好像觉得寒冷的冬天还没过去，不肯把身上的那件绒衣脱掉呢！有的只开了一半儿，像个害羞的小姑娘，也许她还不想让人看到自己的全貌吧！还有的胆儿挺大，已经全部绽放了，似乎想要表现自己……

玉兰花还不时散发出一阵阵清香，那香味沁人心脾，引来了勤劳的小蜜蜂、美丽的大蝴蝶。小蜜蜂围着玉兰花唱着最动听的歌，大蝴蝶也跳起了优雅的舞蹈，它们都被玉兰花散发出的清香给迷住了。

啊！玉兰花，无论你高缀枝头，还是飘落在地，始终保持着纤尘不染的品格。啊！我爱你，圣洁无瑕的玉兰花。

(2022 级 2 班供稿)

有一种春天叫玉兰花开

人间三月，春未失约，
你瞧，临沂银城小学的校园里的花已绽放。
是不是美得仿佛一幅画？
在这幅"春花烂漫"的画卷中，
一树树的玉兰，诗情画意始终生生不息。

教学楼前的花园里，
惊鸿一瞥，清丽怡人。
轻轻柔柔地融化了你的心，
亭亭玉立，纤瘦婉约。

花开时，一树纯洁的芬芳，
白净的花朵在梢头悄然绽放。

兀自静静地暗香风满，

小巧玲珑的玉兰，

含苞待放，娇艳欲滴，就像一个个小铃铛，

你轻轻一碰，它就会叮当作响。

这一抹白，让人忍不住多看一眼，

清新淡雅，风吹过，跳起一曲羽衣舞。

还在等什么，赶快去一睹它们的风采吧！

一树树花开，岂止是玉兰，这分明是我们的童年！

一树树摇曳的，岂止是花朵，这分明是同学们的心！

（作者：刘荣娟老师）

我想采一朵玉兰花

我想采一朵玉兰花，

就一朵，属于我的玉兰花。

雪白的花瓣真的太诱人，

我伸出手，仰起头，

去触碰她的火热与温柔。

精致的心在肥硕的花苞里跳动，

殷红的血在紫红的茎脉里奔涌。

我触到了，触到了！

却久久不忍采下，

久久不忍采下一朵玉兰花啊！

但更不忍离去，

就坐在她的花影里，

醉在她的花香里，

伴着她，护着她。

我多想采下一朵玉兰花啊！

再也不忍看着她在风中摇曳，

不忍看她在枝头暗淡，

不忍看她的离去，

不忍看她的凋落！

我要将她采下，

将她守护在我的心头，一生一世！

我的手臂抬起了一次又一次，

都不忍心将她采下，

我终究不忍采下一朵玉兰花啊！

更不忍离去，

只好坐在树下，

伴着她老去。

（2019 级 1 班供稿）

好一朵美丽的玉兰花

好一朵美丽的玉兰花，

满树的花儿竞相盛开，

清香里透露高洁品质，

沁人心脾，令人陶醉。

好一朵美丽的玉兰花，

开在碧绿的枝叶当中，

如一只只停息在树上的白蝴蝶，

翩翩起舞，花玉雪香。

好一朵美丽的玉兰花，

象征纯净的爱情、温馨的亲情，

还有那忠贞的友情，
金兰之交，坚贞守护。

好一朵美丽的玉兰花，
心怀一颗真挚的感恩之心，
清新宜人的香味久久不散，
德泽长存，经久不衰。

（2019 级 3 班供稿）

家校共育篇

2018 年 9 月 10 日，习近平总书记在全国教育大会上指出："家庭是人生的第一所学校，家长是孩子的第一任老师，要给孩子讲好'人生第一课'，帮助扣好人生第一粒扣子。"

家庭是最小的国，国是千万个家。父母在孩子成长的过程中扮演着非常重要的角色，孩子的身上有着父母的影子。法国教育学家卢梭曾说："人的教育在他出生的时候就开始了，在他不会说话和听别人说话以前，他就已经受到教育了，教育的基础是家庭。"养育孩子是个漫长的过程，孩子的言行体现着家庭的素养，父母的一言一行能够影响孩子一生。

教师和家长的目标是一致的，要构建和谐的家校关系，相互支持，相互配合，争取培养出全面发展的优秀学生。要想真正将孩子培养成才，不仅要引导孩子努力学习，还要教会他们为人处世的道理。孩子只有智商与情商协调发展，才是真正意义上的成才。

孩子在父母的言传身教下，潜移默化地养成良好的学习习惯，这一过程也是孩子自我成长的旅程。因此，父母好好学习，孩子天天向上，不仅是一种教育理念，更是一种家庭教育的重要实践。

家长朋友们，让我们一起好好学习吧，教育孩子本身就是父母和孩子共同成长的过程。只有父母持续学习、进步，孩子才能持续成长、向上。家长要做孩子的坚强后盾，做孩子向前奔跑的加油站！这样孩子会更有勇气和安全感，也会有决心面对成长中的各种挑战与挫折，从而健康快乐地成长！期待我们在陪伴式成长之路上，和孩子一起遇见更好的自己！

培养好习惯，成就好人生

——临沂银城小学智慧家长课堂系列必修课程一年级（上）主题课程

一、活动目标

（1）家长要掌握科学、合理的方法，培养孩子养成良好的习惯，并深刻理解这些好习惯在孩子成长中的重要性。

（2）家长要懂得如何帮助学生培养好习惯，成就好人生。

（3）学校要引导家长树立正确的家庭教育观念，在学习和生活中以身作则，从而培养孩子养成良好的习惯。

（4）家长应注重培养孩子的社会责任感，帮助他们树立正确的价值观，使其成为有担当、有责任感的未来公民。

二、活动过程

这次智慧家长课堂的主题是"培养好习惯，成就好人生"，主要从以下五个方面展开介绍：一年级新生入学现状，培养孩子好习惯的途径，孩子需要培养的好习惯，家长培养孩子良好行为习惯的方法，家校合力、携手共育。

（一）一年级新生入学现状

从幼儿园进入小学，孩子面临着适应新环境的挑战。许多孩子存在课堂上不会听讲、不遵守课堂纪律、丢三落四等问题。孩子出现这些问题的原因如下。

1. 尚未养成良好的听讲习惯

一年级是孩子人生历程中一个重要的转折点。从幼儿园进入小学，孩子面临着学习内容和学习方式的巨大转变,这对他们来说是一个不小的挑战。在幼儿园阶段,孩子以游戏活动为主,纪律要求相对宽松;而进入小学后,他们需要正规、系统地学习文化知识,学习活动带有一定的强制性,课堂也有严格的纪律要求,孩子必须学会认真听讲、遵守规则。然而,部分孩子由于入学时间较短,尚未完全适应这种转变,再加上性格活泼好动、自我控制能力较弱,课堂上往往难以养成认真听讲的好习惯。

2.注意力持续时间短

孩子由于年龄小,注意力持续时间较短,在课堂上容易受到外界干扰,这种现象在家里写作业时也同样存在。然而,许多家长往往只关注孩子的学习成绩,而忽视了注意力培养的重要性。长此以往,这样不仅会影响孩子的学习成绩,还可能降低他们的学习兴趣和打击他们的信心。

3.规则意识差

家长对孩子的学习寄予厚望,尽心照顾孩子的饮食起居,却往往忽视了良好习惯的培养。许多家长并不清楚应该培养孩子哪些好习惯,也不知道如何科学地引导孩子养成这些习惯,导致孩子规则意识薄弱,难以形成良好的行为习惯。这种状况不仅影响孩子的学习和生活,还可能对其未来的成长和发展产生深远影响。

(二)培养孩子好习惯的途径

中国现代著名教育家叶圣陶曾说:"什么是教育?教育就是养成良好的行为习惯。"良好的学习习惯是提升学习能力以及综合素养的重要保证,有利于更好地帮助孩子学习和生活,为其今后的发展打下坚实的基础。

一年级是孩子真正进行文化知识学习的起始阶段,是培养孩子良好习惯的黄金时期。

1.习惯培养过程的三个阶段

第一阶段:"刻意、不自然"的阶段(1~2个周)。家长十分刻意地提醒孩子,孩子会感到不舒服。

第二阶段:"刻意、自然"的阶段(2~3个周)。孩子的行为比较自然,但容易反复,家长可以制定奖励规则。

第三阶段:"不经意、自然"的阶段(1～2个月)。习惯基本养成,孩子有时会感到厌倦,需要家长用技巧维持。

培养孩子良好习惯的注意事项:家长要先帮助孩子复习梳理,再行动。孩子放学后,家长可以先跟孩子聊聊,梳理一下当天都有哪些作业,作业中有哪些难点,询问孩子准备如何解决,需要爸爸妈妈提供什么样的帮助。

2. 正确的沟通打开方式

家长可以采用以下话术和孩子沟通。

(1)今天谁得到了表扬?

(2)今天的学习哪项有难度?

(3)爸爸妈妈可以为你做什么呢?

(4)今天你哪方面表现得比较好?

(5)今天你有什么收获?

3. 三不管

(1)孩子自己能做的事不管。

(2)孩子该受的挫折不管。

(3)孩子自己能做的选择不管。

家长要学会运用"陪跑""搭脚手架""放手"等富有智慧的教育理念,根据孩子的发展阶段和实际需求,逐步给予支持和引导,最终培养孩子养成良好的习惯。

(三)孩子需要培养的好习惯

1. 培养良好的卫生习惯

家长要培养孩子养成以下卫生习惯。

(1)要养成不随地吐痰的习惯。

(2)要克服随手乱丢的坏习惯,把废纸、果皮、包装袋扔进垃圾桶中。

(3)要克服乱倒垃圾的坏习惯,在卫生保洁或值日时,无论走再远的路,都要把垃圾及时倒进垃圾桶中,不可乱倒。

(4)要有随手捡拾地面上废弃物的意识和习惯,共同维护学校环境的整洁。

2.要培养良好的行为习惯

良好的行为习惯是学习的保障和前提,是孩子成长发展的基础。

(1)早睡早起,按时上学。

家长要培养孩子良好的作息习惯。一年级的孩子由于年龄小,往往贪玩、时间观念较差,容易出现作息不规律、拖延等问题。为了帮助孩子养成良好的作息习惯,家长可以和孩子一起制订作息计划,并通过工具(如闹钟)替代家长催促,培养孩子早睡早起、按时上学的好习惯。

(2)合理分配时间。

家长要培养孩子合理分配和利用时间的好习惯。一年级孩子放学早,作业少,课余时间长,让他们学会合理分配和利用时间非常重要。

(3)整理学习用品。

当孩子完成作业后,家长要指导孩子根据第二天的课程表准备学习用品并整理好书包。家长要放手让孩子自己去做,也要教给孩子整理的方法。比如,当孩子完成作业后,家长可以引导他们及时削好铅笔,把课本和作业本放进书包,为第二天上学做好准备。此外,家长还可以教孩子如何在书桌上合理摆放书本和文具,以保持桌面整洁有序,从而提高学习效率。

3.要培养良好的学习习惯

(1)要培养提前预习、课后复习的习惯。

(2)要培养专心听讲、善于提问的习惯。

(3)要培养写作业不磨蹭、不拖拉的习惯。

(4)要培养仔细审题、积极思考的习惯。

(5)要培养勤于动笔、认真书写的习惯。

(6)要培养坚持阅读、学写笔记的习惯。

儿童发展心理学研究表明,孩子小时候阅读的书籍越多,积累的词汇量就越大,记住的句子和故事也越丰富。这不仅有助于提升孩子的智力水平,还能让孩子的学习变得更加轻松高效。反之,如果孩子阅读量不足,词汇积累有限,就可能出现阅读理解能力弱、写作困难等问题。如今,许多孩子的"词汇银行"里存储的词汇量很少,导致他们在阅读和写作时感到吃力。这种现象可能与过度依赖电子设备密切相关。

4.要培养良好的交往习惯

家长要教会孩子如何避免冲突,要引导孩子站在他人的角度思考问题,理解他人的感受,同时也要教导孩子在冲突中学会宽容,不要斤斤计较。

学校与家庭要共同引领孩子走正道,让孩子对法律法规心存敬畏!家长在关注孩子学习成绩之前,要先关注孩子的品行与人际交往能力,协助孩子建立与人交往的边界与分寸,培养他们成为有责任感、懂规矩的人。

(四)家长培养孩子良好行为习惯的方法

1.家长要宽容而不纵容孩子

每个家长都希望孩子读书用功、成绩优异。然而,孩子天性活泼好动,常常难以自我约束,这就需要父母的引导与管教。但管教需有原则:既不能过于严苛,束缚孩子的天性;也不能放任自流,忽视他们的成长需求。孩子眼里的世界和大人存在着很大的差异。因此,家长要理解并尊重孩子自主、独立的心理需求。家长的管教应从情感出发,以理服人,同时避免过度压抑孩子纯真的天性,让他们在规则与自由之间找到平衡。

2.要和孩子达成共识

有些家长在教育孩子时,完全忽视孩子的感受,试图将自己的想法强加给孩子。这种做法往往会让孩子感到不被尊重,甚至可能引发孩子的逆反心理。

因此,家长在帮助孩子养成良好行为习惯时,应将孩子视为独立的个体,认真倾听他们的想法。在涉及某些问题时,家长应与孩子达成共识。这样不仅能让教育过程更加顺利,还能帮助孩子更快地养成良好的行为习惯。

3.家长以身作则,良好示范

榜样的力量是无穷的。家长在孩子面前应时刻注意自己的言行,为孩子树立良好的榜样,为他们的成长奠定坚实的基础。例如,在与孩子交流时,家长应做到语言文明、语气温和、态度热情、用语规范,可以利用日常生活中的小事对孩子进行教育,让他们明白什么样的语言和行为对他人是尊重与友好的。此外,家长也可以通过讲故事、看图书等形式,帮助孩子学会如何与人交流。在生活中,家长还需注意自身的行为习惯,如不随地吐痰、不乱扔垃圾、不大声喧哗、不讲脏话。这些行为不仅有助于孩子的健康成长,也能为他人树立良好的榜样。

因此,家长应该从自身做起,为孩子做好表率。只有这样,教育才能事半功倍。

(五)家校合力、携手共育

人生仿佛是一场好习惯与坏习惯的拉锯战,要创造精彩的人生,就需要让好的思考习惯、行动习惯和情绪习惯与日俱增,同时让坏的习惯逐日减少。习惯的好坏,是决定一个人能否成功的关键。

播下一个行动,收获一种习惯;播下一种习惯,收获一种性格;播下一种性格,收获一种命运。教育家陈鹤琴曾说过:"习惯养得好,终生受其益;习惯养不好,终生受其累。"学生良好习惯的培养不是一朝一夕的事,它需要孩子长期的努力与坚持,更离不开家长持之以恒的引导。

这次主题课程到此结束。陪伴式成长,让我们和孩子一起遇见更好的自己!

家校合力，孩子成长更给力

——临沂银城小学智慧家长课堂系列必修课程一年级（下）主题课程

一、活动目标

（1）家长要正确认识家校合作的含义。

（2）家长要了解家校合作对孩子成长的重要性。

（3）家长要学会与老师、孩子有效沟通。

（4）家长和学校要注重家校群的沟通交流以形成教育合力。

二、活动过程

"家校合力"是这次智慧家长课堂的主题。会议主持人首先邀请家长分享对家校合力的理解。家长们对于合力的理解也是多样的，那么，如何才能真正形成合力，促进孩子的成长呢？本次课程将从以下四个方面展开：家校合作的含义、家校合作的重要性与意义、如何形成教育的合力、家校群在家校合作中的作用。

（一）家校合作的含义

近年来，家校合作这个词在教育界很火，并逐渐融入我们的日常生活。家长对于家校合作的理解有以下几种情况。

（1）家校合作就是家长要配合老师教育孩子，如监督孩子完成作业。

（2）家校合作就是家长参与学生的成长，比如家长和孩子一起完成学校布置的手工作业。

（3）家校合作就是家长接收到老师的投诉后，回家把孩子教育一顿，让他听话、改正错误。

（4）很多家长对于家校合作的认识还停留在初始阶段，即完成老师通知的事情，如参加家长会。

（5）很多家长的潜意识里还是认为教育就是教师要做好的事情。他们觉得把孩子送到学校，交了学费，教师就必须把孩子教好。

显然，这些都不是家校合作的正确含义。那么，正确的家校合作是什么？

家校合作不是家庭教育，也不是家长配合学校工作，而是家校共同构建平等、互助、共担、双赢的教育伙伴关系。

著名教育家苏霍姆林斯基曾说过："最完备的教育是学校与家庭的合作。"

（二）家校合作的重要性与意义

1. 家校合作的重要性

对于一个孩子来说，有效的教育需要学校教育和家庭教育相互作用，两者不可分割，缺一不可。家长和教师是孩子教育的合伙人，这是一场基于爱与信任的合作。只有家长和教师共同努力，孩子才能茁壮成长。在教育路上，教师和家长各自承担起自己的教育责任，才是对孩子最好的教育。

苏联著名教育家苏霍姆林斯基曾说："儿童只有在这样的条件下才能实现和谐的全面发展，就是两个教育者——学校和家庭，不仅要一致行动，要向儿童提出同样的要求，而且要志同道合，抱着一致的信念，始终从同样的原则出发，无论在教育的目的上、过程上还是手段上，都不要发生分歧。"中国著名教育家刘长铭说："家长与学校配合得越好，教育越会成功。凡是家长不与学校配合的，结果都是悲剧，这在我的教育经历中无一例外。"

学校本着教育、教学为生命线的办学理念，严格要求学生。家校合作促使家长将一些教育建议带到学校，同时将学生生活情况反馈给学校。学校利用这些丰富、有力的资源，可以不断优化教育环境，从而为学生提供更好的教育服务。

2. 家校合作的意义

（1）家校合作有利于促进家庭和学校的教育目标达成一致，通过教师对家长的指导，可以帮助家庭和学校的教育目标最大限度地协调一致。

（2）家校合作有利于保证教育方法的科学化。家校通过密切合作、相互学习，能够确保教育方法和教育措施的有效性与科学性，从而提高教育效率，取得理想的教育成果。

（3）家校合作有利于实现教育内容的互补，保证孩子全面发展。家庭和学校虽然是两个独立的环境，但对孩子的教育成长来说，它们紧密相连、难以分割。

（三）如何形成教育的合力

众多教育家都强调家校合作的重要性。那么家校如何形成合力呢？

家校合作的重要原则是既不缺位，也不越位。一方面，家长需要积极配合和付出。莫言曾说："孩子的优秀，浸透着父母的汗水。"武亦姝的妈妈也说："天才是不存在的。任何一个优秀的孩子，都不是横空出世的奇迹，而是有迹可循的因果。它的因在家庭，它的根在父母。"因此，父母想要给孩子一个更好的未来，必须全力支持并配合教师对孩子的教育。

另一方面，教师是学生成长过程中的重要引导者。教师的言行对学生的成长至关重要。教师不仅要教书，更要育人，树立正确的教师观，在教学过程中以身作则，成为学生的榜样。同时，教师也需要与家长紧密配合，成为最佳"合伙人"，并肩"作战"。

家校合作的注意事项包括以下三个方面。

（1）家校合作需要沟通交流。家校合作不只是问题孩子需要，也不只是优秀孩子需要，而是所有孩子都需要。

（2）家校合作需要家长与教师之间互相尊重。信任能培养信任，爱心能培育爱心。在孩子的教育过程中，家长和教师的相互信任和尊重至关重要。

（3）家长与学校（教师）的关系。二者是互惠、互利、互通、互敬的关系。互利体现在学生的进步让双方都感到欣慰；互通则是指信息互通，教师向家长反馈学生在学校的学习状况，家长则向教师提供孩子的性格、兴趣、家庭生活习惯等信息。

家长和学校一定要意识到沟通的重要性，这是家校合作的关键。从学校层面来讲，教师与家长沟通的方法有多种，如家访，开家长会，电话沟通，邀请家长到学校与各科教师交流。通过这些方式,家长可以全面了解学生的在校表现,从而在家庭教育中有的放矢。从家庭层面来讲,家长和学校之间要相互理解。学校应主动与家长保持联系,家长也可以积极参与学校的教育活动,走进学校了解学生的在校生活。

家长应该如何和教师沟通呢?家长应充分了解学校的教育理念,即注重培养学生的综合素质。通过学校搭建的沟通平台,如家长开放日、家长会、家校群,家长可以更好地了解、支持并协助学校开展工作。同时,家长应主动与教师沟通,及时掌握孩子在校的表现,并有针对性地进行家庭教育。家长还应以学校的大局为重,积极出谋划策,以主人翁的姿态参与学校管理。只有家校协同合作,才能将学校教育做大、做强。

家长应该如何与孩子沟通呢?①家长应把习惯培养放在首位,注重培养孩子的自理能力,关注孩子的心理健康,在生活中积极传递正能量。②家长要关注孩子的情绪,多问孩子"今天你快乐吗",多了解孩子学校生活的快乐时光。这远比问"今天谁欺负你了"要好得多。③家长鼓励孩子时,鼓励内容要具体,多鼓励孩子的"勤奋",少鼓励孩子的"聪明"。④家长不要认为孩子犯错误是丢了家长的脸。错误是成长的一部分,家长应以平和的心态帮助孩子改正。⑤当孩子回家谈到对学校或教师的不满时,家长不要轻易赞同或附和。

当家长接到教师反映孩子问题的电话时,应该如何做?①保持冷静。家长不要紧张或生气,仔细听教师说明情况,不清楚的地方及时询问。②站在教师的角度思考。学生不争气,教师也会生气。教师希望得到家长的理解和支持。③明确表态。如果确实是孩子犯了错误,特别是顶撞教师或与同学打架等,家长应和教师说:"孩子做得不对,请您放心,我们会好好教育他。"这时,教师最需要的是家长的有力配合。④主动配合。家长可以主动询问教师:"我们家长应如何配合?"如果有时间,家长可以主动和教师说:"是否需要我们去学校一趟?"

学校和家庭要目标一致,向孩子提出同样的要求。因此,家长要提高对家庭教育的认识,积极担负起教育者的责任,这样才能与学校形成合力。

(四)家校群在家校合作中的作用

在家校合作过程中,家校群是一个非常重要的沟通平台,那么,家校群可以做哪些事情呢?

家校群可以传达信息,如上级教育主管部门和学校发出的安全提醒、各类通知,家长需要向老师传达的事情如孩子请假。

家校群如果利用得当,可以形成一种独特的群文化,让群更有活力和生机,增强班集体的存在感。其中,利用好家校群的一个非常重要的法宝就是分享。家长对孩子在校时光的了解往往有限,因此,教师可以捕捉一些精彩瞬间,通过家校群分享给家长,让家长更多地了解孩子的在校状况。

教育孩子从来不是某一方的单方面责任。在教育的道路上,家校需要形成合力。最好的教育关系应该是:家长支持教师,理解教师的教育工作;教师配合家长,关注孩子的个性化需求;家长和教师共同陪伴孩子,帮助孩子健康成长。家长和教师并肩"作战",不是简单的"1+1=2",而是像"一横一竖"紧密结合,汇聚成十倍、百倍的力量,助力孩子成长。

这次主题课程到此结束。陪伴式成长,让我们和孩子一起遇见更好的自己!

亲子共读，"阅"享成长

——临沂银城小学智慧家长课堂系列必修课程二年级（上）主题课程

一、活动目标

（1）通过活动，激发家长和孩子对阅读的兴趣，引导他们认识到读书的重要性，逐步养成爱读书、读好书、会读书的习惯。

（2）通过活动，传授亲子共读的有效方法，大力推动书香家庭、书香班级、书香校园的建设。

（3）通过活动，为亲子关系找到沟通的桥梁，为家校协同建立纽带，为家庭教育和学校教育的高质量发展奠定基础，为学生的终身学习和发展提供支持。

二、活动过程

每个家长都希望自己的孩子饱读诗书，才华横溢。那么，如何才能实现这个愿望呢？这次课程将从以下四个方面谈读书：为什么要读书？读什么样的书？如何实现亲子共读？如何高效地读书？

（一）为什么要读书

目前，《义务教育语文课程标准（2022年版）》对阅读的要求如下：一、二年级学生的课外阅读总量不少于5万字，三、四年级学生的课外阅读总量不少于40万字，五、六年级学生的课外阅读总量不少于100万字。从这些数字可以看出，国家对学生阅读的重视程度，因此，提高学生的阅读量已迫在眉睫。

(二)读什么样的书

茫茫书海,家长可以为孩子挑选哪些适合读的书籍呢?

1."快乐读书吧"栏目推荐书籍

"快乐读书吧"栏目的设置是部编教科书的一大特色,旨在激发学生的阅读兴趣,引导学生开展课外阅读活动,培养阅读兴趣,扩大阅读量,并逐步形成良好的阅读习惯。

2.科普类书籍

科普类书籍可为孩子提供丰富的科学基础知识,拓宽孩子的知识视野,帮助他们从更多角度了解世界,形成科学的世界观。

3.励志类书籍

励志类书籍能帮助孩子在逆境中找到力量。

(三)如何实现亲子共读

1.从给孩子朗读开始

培养孩子的阅读习惯,越早开始越好。孩子不是从文字开始阅读,而是从听开启阅读之门。1岁左右的孩子,可以从听简单的童谣、儿歌开始。家长的声音加上绘本中的韵律,都会潜移默化地影响孩子。

在家长为孩子读书的过程中,孩子一方面通过耳朵学习新词语,促进语言能力的快速发展;另一方面,家长充满感情的朗读也能传递温暖,让阅读成为亲子之间美好的时光。因为父母的朗读是一种爱的表达方式。家长想抒发的情感都通过朗读传达给了孩子。因此,家长想要帮助孩子养成阅读习惯,不妨从为他讲故事开始。

2.固定每天的阅读时间

家长应每天在固定的时间给孩子讲故事,使之成为一种习惯,乃至一种仪式。这对孩子来说是一件特别有益的事。例如,睡前一小时是绝佳的读书时间。考虑到孩子的耐心和专注力,初期可以将阅读时间设置为20分钟左右。

亲子共读可以增进亲子间的沟通。对孩子而言,这也将成为一段美好而值得怀念的时光。在孩子养成阅读习惯的初期,父母需要比孩子付出更多的努力。

3.为孩子打造一个阅读角

培养阅读习惯,环境起着至关重要的作用。家长可以为孩子精心布置一个小小的阅读空间,营造出浓厚的阅读氛围。孩子生活在一个被书籍环绕的环境中,自然而然地对阅读产生浓厚的兴趣,爱上阅读也就成了水到渠成的事情。

有句话说得好:"读书是最好的家风,书架是最好的不动产。"让家里充满书籍,让书本触手可及,这是培养孩子阅读习惯最自然、最有效的方式。

4.经常带孩子去图书馆或书店

除了在家中营造良好的读书环境外,家长还可以经常带孩子去图书馆或书店。这些地方不仅提供了舒适的阅读环境,还能极大地激发孩子对阅读的兴趣。

在图书馆或书店中,人们穿梭于书架之间,精心挑选着心仪的书籍,孩子们则常常坐在地板上,沉浸于书海之中。在这种弥漫着书香的环境中,孩子很容易受到熏陶,自然而然地爱上阅读。此外,在图书馆或书店,孩子接触到各类书籍的机会大大增加,因此他们发现喜爱书籍的概率也会显著提高。

5.给予孩子一定的阅读自由,呵护孩子的阅读兴趣

读书是一件快乐且自由的事情。当孩子主动拿起一本书去阅读,并能完整地读完它,这本身就是专注力和耐心的体现。作为家长,我们不宜过多干涉孩子的阅读过程,而应重在引导。

家长都希望孩子能阅读更多好书,但这是一个循序渐进的过程,不能急于求成。在孩子的阅读早期,家长应该先引导孩子在阅读中获得乐趣,让孩子能够坚持下去。只有在孩子对阅读产生了浓厚的兴趣之后,家长才能慢慢地向他们传递阅读理念。如果孩子没有获得阅读的乐趣,阅读习惯自然很难形成。

6. 阅读不能急功近利

阅读的好处很多,它不仅可以帮助孩子识字,还能提升他们的沟通能力和写作能力,更重要的是,孩子通过阅读可以领悟许多人生的道理。然而,很多家长在培养孩子的阅读习惯时过于功利,只关注孩子能从阅读中学习到多少知识。这样只会让阅读变成孩子的负担,从而扼杀他们对阅读的兴趣。

7. 言传身教

在孩子养成阅读习惯的过程中,父母需要投入大量的时间和精力。无论是早期的阅读启蒙、亲子共读,还是带孩子选购书籍、一起阅读,都是培养孩子阅读习惯的好方法。然而,其中最难但效果最佳的方法,莫过于父母自身也要多读书。在一个家庭中,如果父母都热爱阅读,孩子自然会耳濡目染,将读书视为一件充满乐趣的事情。相反,如果父母每天沉迷于看电视、玩手机或打麻将,对书籍毫无兴趣,那么孩子很可能会模仿大人的行为,也很难体会到阅读的乐趣所在。父母的言行举止对孩子的影响是潜移默化的,因此在培养孩子养成良好阅读习惯的过程中,父母的榜样作用不容忽视。

(四)如何高效地读书

1. 泛读

泛读,顾名思义,就是广泛阅读。它要求读书的面要广,要广泛涉猎各方面的知识。在泛读的过程中,孩子不仅要读自然科学方面的书籍,也要读社会科学领域的著作。同时,古今中外各种不同风格的优秀作品都应纳入孩子的阅读范围,以博采众家之长,进一步开拓孩子的思维与视野。

2. 精读

精读,即详读、细读。它要求阅读者细读多思,反复琢磨与研究,边分析边评价,力求做到明白透彻、了然于心,从而真正吸取书中的精华。对于名篇佳作,孩子应该采用这种方法进行阅读。只有精心研读、细细品味,书中的"微言精义",才能"愈挖愈出,愈研愈精"。可以说,精读是读书方法中最为重要的一种。

3.通读

通读，即快速浏览阅读。它要求阅读者对阅读内容从头到尾进行通读，意在读懂、读通，了解全貌。对于较为重要的书、报、杂志，可以采用这种阅读方法。

4.写读书笔记

古人云："不动笔墨不读书。"读书要与记心得、写文章结合起来。这样不仅能积累丰富的素材、有效提升写作水平，还能增强阅读能力。

我国首位诺贝尔文学奖获得者莫言曾说过："任何一个梦想都有可能因为读书而产生，而实现一个梦想也必须借助读书来实现。"这番话语，犹如明灯，照亮了孩子们前行的道路。希望每个孩子都能多读书、读好书、好读书，在书海中遨游，汲取知识的养分，最终实现自己的梦想。

这次主题课程到此结束。陪伴式成长，让我们和孩子一起遇见更好的自己！

高质量的陪伴是最好的教育

——临沂银城小学智慧家长课堂系列必修课程二年级(下)主题课程

一、活动目标

(1)提高家长的家庭教育意识和能力,帮助他们更好地了解孩子的成长规律,促进亲子关系的和谐。

(2)阐明父母陪伴教育的重要性,传授高质量陪伴的方法与技巧,指导家长如何实现高质量陪伴。

二、活动过程

陪伴能够为孩子建立起安全感,使他们感受到被关注和被理解,有利于形成健康的心理状态。在家长的陪伴下,孩子能够更好地发展认知能力。通过与家长的互动和交流,孩子能够学习到更多的知识和技能,变得更加聪明和自信。此外,陪伴还有助于孩子学习社交技巧和规则,为日后建立良好的人际关系打下坚实的基础。因此,家长应尽可能地抽出时间陪伴孩子,让他们在爱与关心中茁壮成长。

(一)陪伴的重要性

陪伴能够帮助家长和孩子建立更紧密的亲子关系,让他们的情感更加深厚。在陪伴的过程中,孩子们能够深切地感受到家长的信任与尊重,这有助于培养他们的自尊和自信。

陪伴也是一个共同成长的过程。家长可以和孩子一起学习、一起成长,共同创造一个温馨、和谐的家庭氛围。所以,家长要多抽出时间陪陪孩子,用心享受宝贵的亲子时光。

陪伴能够促进孩子的心理健康,让他们在面对生活中的挑战和压力时,能够减少焦虑和紧张情绪。不仅如此,陪伴还能让孩子感受到快乐和满足,提升他们的幸福感和生活满意度。更为重要的是,陪伴有助于孩子形成积极、乐观、向上的心态,使他们在未来的生活中更加勇敢、自信地迎接每一个挑战。所以,无论多忙,家长都应该抽出时间陪伴孩子,这是他们成长道路上最宝贵的礼物。

(二)高质量的陪伴方式

要想给予孩子高质量的陪伴,家长需要做到全身心投入。这意味着家长要腾出时间,全心全意地关注孩子的言行举止。在和孩子相处的时候,家长不仅要观察他们的外在表现,还要深入了解他们的内心世界。为了更好地了解孩子,家长可以和他们一起参加各种活动,比如玩游戏、读书或者户外探险。这样不仅可以通过互动加深亲子关系,还能让孩子感受到家长的陪伴和关爱。因此,家长要多花时间陪伴孩子,这无疑是给予他们的最好教育。

每一个孩子都是独一无二的,他们有自己的个性和需求。家长应该尊重孩子的意见,倾听他们的需求,关注他们的情感变化,并努力理解他们的内心感受。

家长还要鼓励孩子勇敢地表达自己的观点。这样不仅能培养他们的独立思考能力,还能让他们更有自信。对于孩子的合理需求,家长要及时给予积极的回应并尽力满足,让孩子真正感受到父母的关爱和支持。

家长要成为孩子成长道路上的良师益友,以身作则,成为他们学习的榜样。这不仅可以引导孩子树立正确的价值观和人生观,还可以让他们在家长的言行中找到成长的方向。

除了做好榜样,家长还可以和孩子一起学习新知识、新技能,共同探索这个奇妙的世界。这样的陪伴不仅能增进父母与孩子之间的感情,还能促进彼此的成长。

当然,家长还要鼓励孩子勇敢地尝试新事物,培养他们的创新能力和探索精神。当他们遇到困难时,家长要给予支持和鼓励,让他们在挑战中不断成长,变得更加自信和勇敢。

(三)如何实现高质量的陪伴

1.制订明确的陪伴计划

家长每天都要抽出时间陪伴孩子,让他们感受到父母的爱。当然,家长仅投入时间是不够的,还需要规划丰富多样的活动,例如读书、游戏、户外活动,让孩子在玩中学、学中玩。同时,随着孩子的成长,他们的需求也会发生变化,家长要根据他们的发展来调整陪伴计划。这样不仅能满足孩子的需求,还能引导他们更好地成长。

2.创造良好的陪伴环境

家长要努力营造一个温馨的家庭氛围,让孩子在和谐、愉快的环境中成长。家长还要确保孩子的安全,避免孩子接触危险的物品或到有危险的场所。家长还要鼓励孩子自由地表达自己的想法和情感,学会倾听他们的内心世界,让他们感受到被理解和被尊重。这样不仅能为孩子提供情感上的支持,还能促进他们身心健康和全面发展。因此,高质量的陪伴对孩子的成长至关重要,其价值远超过物质上的满足。

3.培养共同的兴趣和活动

首先,家长要了解和发掘孩子的兴趣点,只有了解孩子的兴趣爱好,家长才能有针对性地培养他们的特长,增强他们的自信心。

其次,家长要积极与孩子互动。比如,当孩子画画时,家长可以试着和他一起画;当孩子玩音乐时,家长可以跟着节奏一起摇摆。这样的互动不仅能让孩子感受到父母的陪伴,还能加深亲子关系。

更为重要的是,家长要鼓励孩子尝试新事物。孩子对世界充满好奇,家长可以和他们一起探索,一起学习。这样不仅能拓宽孩子的视野,还能提高他们的认知能力。因此,高质量的陪伴不仅是简单的陪伴,还是与孩子共同成长、共同探索的过程。这种陪伴能让孩子感受到更多的关爱与支持,增强他们应对挑战的信心。

(四)陪伴的注意事项

1.避免过度溺爱

过度溺爱会让孩子产生依赖性,缺乏独立自主的能力。因此,家长要适度满足孩子的要求,让他们学会自理,培养他们的自主性。此外,过度溺爱还可能导致孩子在遇到挫折时轻易放弃,这对他们的未来发展极为不利。家长应鼓励孩子勇敢面对挑战,培养他们解决问题的能力。更重要的是,过度溺爱可能会影响孩子的社交能力,导致他们难以建立良好的人际关系。家长要引导孩子学会如何与他人相处,培养他们的社交技巧。

因此,家长爱孩子固然重要,但适度、理性的爱才能让他们真正健康成长。请记住,高质量的陪伴是最好的教育方式。

2. 做好情绪管理

家长的一举一动、一言一行都会对孩子的心理发展产生深远的影响。因此,家长需要管理好自己的情绪,学会控制情绪,保持平和心态,避免将负面情绪传递给孩子。家长做好情绪管理不仅有助于建立良好的家庭氛围,让孩子在温馨、和谐的环境中成长,还能提高陪伴质量,使孩子的需求和感受得到更好的关注,促进亲子关系的健康发展。

简单来说,高质量的陪伴就是最好的教育,而家长管理好自己的情绪是实现这一目标的关键。家长和学校要一起努力,为孩子创造一个快乐、健康的成长环境。

最后,附上人民日报的 8 个高质量陪伴建议:

(1)陪孩子一起享受阅读的时光;

(2)陪孩子聊聊天,交换一个秘密;

(3)陪孩子一起运动;

(4)陪孩子一起出门看看;

(5)陪孩子一起做一道菜;

(6)陪孩子一起立一个家规;

(7)陪孩子回家看望长辈;

(8)陪孩子一起做个学年计划。

这次主题课程到此结束。愿陪伴式成长,让我们与孩子共同遇见更好的自己!

传承优良家风，共筑幸福家庭

——临沂银城小学智慧家长课堂系列必修课程三年级(上)主题课程

一、活动目标

(1)让家长了解家风是什么，认识到良好的家风对孩子健康成长的重要意义。

(2)让家长认识到家庭教育与家风的关系。

二、活动过程

(一)家风的含义

家风，是一个家庭的作风。家庭是社会的细胞，家风不仅是民风、社风的重要组成部分，也是中华民族传统价值观的重要组成部分。正如莫言所说："从家风看人品。"家风反映了一个家庭的精神面貌，也深刻影响着每个家庭成员的品格与行为。

回溯历史，中华民族的家风文化源远流长。古人强调"修身齐家治国平天下"，将家庭治理视为治国的基础。孔子庭训"不学礼，无以立"，诸葛亮诫子"静以修身，俭以养德"，岳母刺字激励岳飞精忠报国，这些无不体现了古人对家风的重视。

家风家训也体现在父母的言行中，良好的家风充满正能量。父母经常叮嘱孩子：要听老师的话，不要和同学打架，别人的东西不能拿，见到长辈要主动打招呼。礼貌、友爱、诚实是家庭教育的核心，也是家风的体现。

(二)好的家风就如同一所好学校

1.家风是塑造孩子的无形力量

家风是一种无形的力量，在日常生活中潜移默化地影响着孩子的心灵，塑造着孩子的人格。它影响着孩子的世界观、人生观,孩子的品格与行为都会深深烙上家风的印记。

家庭教育是教育的开端,不仅关乎孩子的健康成长和家庭的幸福,还关乎国家发展、民族进步和社会稳定。良好的家风就如同一所好学校,而家教则是家风的具体体现。

2. 家庭教育促进家风建设

中国有句古话:"子不教,父之过。"这句话强调了父亲在孩子成长中的教育责任。如何使孩子成为有教养的人,家风的力量至关重要。父母是孩子的第一任老师,家长不仅要为孩子成长提供物质保障,还要为孩子提供精神滋养,使其成长为一个具有健全人格的人、一个充满正能量的人、一个在社会和家庭中都受欢迎的人。

良好的家风对孩子的成长起着潜移默化的作用。一个充满书香味的家庭,孩子受书香的熏陶,自然而然会爱上读书;一个乐善好施的家庭,孩子会感受到付出的快乐和满足,自然而然形成向善的品性;一个相互尊重、和睦温馨的家庭,孩子自然而然会懂得尊重别人,与他人友好相处……这就是良好家风的感染力和影响力。

家风是道德、礼貌和规矩教育的综合体现,是一种风气,更是一种文化传承。家长应注重言传身教,帮助孩子扣好人生的第一粒扣子,迈好人生的第一步。

(三)如何在日常生活中落实家风家训

良好的家风是家庭中优良品质的积淀与传承,是留给每个家庭成员的宝贵精神财富。古有仁、智、礼、义、信,今有勤、孝、谦、和、思,良好家风因背景不同而各具特色:或仁爱宽厚,父慈子孝,兄弟和睦,邻里友爱;或克勤克俭,常怀一粥一饭来之不易之念;或本分做人,尽职尽责,诚信待人。这些家风在无形中影响着家人,是取之不尽、用之不竭的宝贵源泉。

正如古语所说:"积善之家,必有余庆。"良好的家风使人向上向善,是家业兴旺的重要基石。良好家风并非一朝一夕能形成,需要长期的积淀。

"正家而天下定矣。"家庭文明是社会文明高塔的根基,千千万万个家庭的家风好,社会风气才会好。那么如何在日常生活中更好地落实家风家训呢?

1. 传承良好的家风

传承老一辈的美好品德与作风,是造福当代、惠及后人的重要使命。作为传承者,我们应肩负责任,让良好家风薪火相传,发扬光大。

2. 营造崇尚学习的家庭氛围

古人云:"非学无以明志,非学无以广才。"知书才能明礼,学习才能升华。家庭成员应共同营造书香氛围,茶余饭后读书看报、谈天论事,让孩子从中得到更多的教化和启迪。

3. 长者要做好传与带

家长是塑造孩子的无形力量,其言行举止潜移默化地影响着孩子的世界观。上行下效,近朱者赤,近墨者黑,长者的行为是家风传承的关键。

4. 创造和谐文明的家庭环境

家庭环境应干净、明亮、整洁、有序。有些家庭注重家风文化,墙上悬挂着激励人心的格言,如"积金积玉不如积书教子,宽天宽地莫若宽以待人""敦行致远,吃亏是福""家和万事兴"。这样的环境让人心生愉悦。

良好的家风如同一所好学校,其教育方式渗透在生活的方方面面,潜移默化地影响着每个家庭成员,甚至延伸到邻里和社会。让我们从日常小事做起,落实家风家训,为家庭和社会注入更多正能量。

(四)传承优良家风要注重家庭教育

清华大学附属小学校长窦桂梅说:"最好的家庭教育,是先放糖,后放盐,再补钙。"糖,是给孩子关爱与鼓励;盐,是教会孩子直面挫折;钙,是让孩子学会自强自立。其实,教育就像做菜一样,想要把一道菜做得好吃,缺任何一样调味料都是不可以的。

1. 好的家庭教育要重视语言的力量,给孩子的生活加点糖

心理学研究发现,经常受到赞美和鼓励的孩子往往更具有自信和思考能力,因此,要重视鼓励对孩子的重要性。请家长们回想一下,在教育孩子的过程中,是经常给予他们鼓励,还是常常对他们说"看看别人家的孩子""这么简单的事情都做不好""别人考得好,你怎么就不行"。这些话语可能会无意中打击孩子的自信心。

下面来做个小游戏吧,请大家跟着读一读。

不要再去想红色小象了。

别再想红色小象了。

不用再去想红色小象了。

都说了几遍不要再去想红色小象了!

你听不懂吗!都说不要再想红色小象了!

要说几遍你才听进去!不要去想红色小象了!

最后,大家的头脑中留下了什么信息呢?是不是只有"红色小象"呢?这像不像家长平时总是对孩子说的"不要迟到""不要拖拖拉拉""考试不要粗心大意",家长的本意是为了孩子好,是想告诉他不要做某个事情,却在不知不觉中通过语言强化了孩子错误的行为。

家长在教育孩子时,要多用正向语言,比如,"没关系,不要急,慢慢来。""你越来越懂事了,知道自己该做什么了。"

家长要想教育好孩子,还得在教育过程中加点糖,给孩子更多的鼓励和肯定。研究表明,童年时期缺乏肯定和夸奖的孩子容易自卑,甚至陷入深深的自我怀疑。父母应与孩子建立良好的沟通,让他们感受到被理解和被尊重,从而增强孩子的自尊心、自信心。

只有用爱培养出来的孩子,才能成为父母喜欢的样子。爱不是控制,而是尊重,让我们用正向的语言和行动,陪伴孩子健康成长。

2. 好的家庭教育要适时加点盐,让孩子成为一个坚强、勇敢的人

一个人,只有学会输得起,才能直面挫折,超越自我。一个人,只有学会输得起,才不会瞻前顾后,患得患失。家长要让孩子明白,没有输的积累,就没有赢的飞跃。只有输得起当下,才能赢得未来。

正如周国平在《只有一个人生》中所说:"人应该具备两个觉悟:一是勇

于从零开始,二是坦然于未完成。""输不起"的孩子难以成功,因此,孩子急需补上挫折教育这一课。挫折教育是孩子人生的必修课。积木倒了,孩子就大哭;游戏输了,孩子就发脾气说:"我再也不玩了!"下棋时,大人不能赢,否则孩子就生气。这些都是因为孩子没有树立正确的输赢观,或者大人在陪孩子玩耍时一味地迁就他们。家长需要和孩子说清楚,比赛有很多种可能性,有人赢,也会有人输,但这些都只是暂时的,未来还会有更多的挑战。

输并不可怕,可怕的是怕输。家长应鼓励孩子勇敢地面对失败。如今,孩子的成长环境发生了变化,教育方式也需要相应调整。在实施挫折教育的同时,家长也要注意批评的方式,避免语言暴力对孩子造成的伤害。例如,家长要用建设性的语言代替指责,家长可以说:"这次没做好没关系,下次我们可以试试另一种方法。"

挫折教育不仅是孩子成长的必修课,也是家庭教育的重要课题。让我们用正确的方式帮助孩子学会面对挫折,成为一个坚强、勇敢的人。

3. 好的家庭教育要让孩子学会自立

孩子需要学习如何成为好孩子,家长也需要学习如何成为好家长。教育不能只依赖家庭,更不能只依赖学校。只有家校通力合作,孩子才能更上一层楼。家长和学校的共同目标是让孩子学会自立。孩子的每一次跌倒都是成长的机会,孩子的每一次尝试都是他们迈向未来的坚实脚步。

正如好的园丁会关注植物生长所需的土壤、肥料、水和阳光,在一个良好的环境中,花朵自然会绽放。因此,家长要营造一个充满爱、喜悦和责任感的环境。在这样的环境中,孩子自然会茁壮成长。

家庭是人生旅程的起点,家风是成长的沃土。良好的家风家训不仅关乎个人成长,更是社会文明进步的基石。家长要行动起来,传承良好的家风家训,为下一代树立榜样!通过家校共育,帮助孩子在爱与责任中成长,使孩子成为自立、自信、有担当的人。

这次主题课程到此结束。陪伴式成长,让我们和孩子一起遇见更好的自己!

培养规则意识，助力孩子成长

——临沂银城小学智慧家长课堂系列必修课程三年级(下)主题课程

一、活动目标

(1)家长了解规则及规则意识的定义。

(2)家长认识到规则对孩子成长的重要性。

(3)家长学会使用规则来促进孩子成长。

二、活动过程

这次智慧家长课堂的主题是"培养规则意识，助力孩子成长"。

著名教育家叶圣陶曾经说过:"教育是什么？往简单方面说，只需一句话，就是培养良好的习惯。"而良好的行为习惯建立在良好的规则意识和执行规则的能力上。俗话说:"没有规矩，不成方圆。"在不同的环境中，人需要遵守各种各样的规则，因此，孩子的规则意识要从小培养。孩子的规则意识往往是模糊的，他们不清楚什么该做、什么不该做，甚至做错了事也不知道错在哪里。这就需要老师和父母从小培养孩子的规则意识，让他们明白任何事情都有必须遵守的规则。那么，家长应该如何培养孩子的规则意识呢？

本次的智慧家长课堂将从以下三个方面展开:规则及规则意识的定义、培养规则意识的意义、规则促进孩子的成长。

(一)规则及规则意识的定义

规则就是人在日常生活、学习、工作中必须遵守的行为规范和准则。它不仅是社会秩序的基石，也是个人成长的重要保障。

规则意识，是发自内心的、以规则为行动准绳的意识。小到家规、校规，大到法律法规,都是培养规则意识的依据。孩子能够理解、表达并遵守规则,就是规则意识建立的过程。通过日常生活中的点滴引导,家长帮助孩子逐步建立规则意识,让他们在遵守规则的过程中学会自律、尊重他人,并为未来的社会生活打下坚实的基础。

(二)培养规则意识的意义

古语有云:"没有规矩,不成方圆;不守规矩,无以成人。"因此,家庭中永远不能缺少规矩。规则意识可以帮助孩子形成良好的生活和学习习惯,有利于培养孩子的独立性,有利于帮助孩子适应社会,更有利于塑造孩子的良好品格。目前,小学生对社会关系的认知逐渐增强,但仍不够成熟。因此,小学阶段的规则意识培养尤为重要。

那么,我们先来看看"不讲规则"的三种孩子类型。

(1)过于暴躁的孩子。有些孩子性子急躁,爱发脾气,甚至经常和同学打架,这类孩子的规则意识的培养迫在眉睫。

(2)过于好动的孩子。有些孩子活泼好动,不愿意遵守规则,更愿意自由自在,如果用规则去限制他们,往往还会发脾气。

(3)过于内向的孩子。性格过于内向的孩子往往沉浸在自己的内心世界,他们不愿与外界互动,因此对外界的规则是不关注、不理解的。

出现以上这些情况的深层原因主要包括以下三个方面。

(1)家长溺爱孩子。有些家长认为孩子将来要面临的压力很大,想给孩子一个快乐的童年,给予孩子过多的自由,却忽视了规则的重要性。

(2)家长忽视孩子。有些父母因工作繁忙忽略了对孩子的关心和教育。这样的孩子虽然长期待在家长身边,但缺乏管理和关爱,往往规则意识不强。

(3)家长对孩子过于严厉。有些父母对孩子过于严格,他们认为规则是立足社会的根本。因此,这类家长过于强调规则,压抑了孩子的天性,孩子出现了逆反心理,从而使孩子讨厌规则。

事实上,规矩和爱本来是相辅相成的。如果家长给孩子的爱让孩子变得自私、懒惰,缺乏最基本的能力与教养,那么这种爱就是有害的。相反,如果家长给孩子立的规矩让家庭氛围变得冷漠,压抑了孩子的天性,那么这种规矩就是毫无意义的。

"规矩"和"自由"并非对立,而是相辅相成、相互促进的。家长找到规矩与自由的平衡点是培养孩子健康成长的关键,而这个平衡点是由父母和孩子一起讨论、协商来决定的。

(三)规则促进孩子的成长

立规矩的目的并非禁锢,而是教育。教育离不开规矩。制定规则是帮助孩子养成良好习惯的最好方法。孩子犯错时,家长歇斯底里的责骂只会让亲子关系变得紧张,只有规则能让孩子学会对自己的行为负责,并逐渐使孩子变得成熟。

当给孩子制定规则时,父母需要注意以下四点。

1. 规则要明确、细致化

家长给孩子制定规则时,规则一定要简单易懂,便于孩子遵守。例如,家长教孩子遵守交通规则时,就要让孩子知道红绿灯的作用;家长想让孩子早睡早起时,就要规定具体的时间。这样孩子容易理解,也容易做到。此外,家长也需明确告诉孩子违反规则会受到怎样的惩罚。

2. 告诉孩子制定规则的原因

家长要耐心地告诉孩子早睡早起和孝敬长辈的原因,孩子在明白道理的同时也能感受到家长的尊重,并更愿意接受规则。因此,在制定规则时,父母应该和孩子平等对话,鼓励孩子发表自己的意见,与孩子共同制定规则,以增强孩子的责任感和自觉性。

3. 规则必须严格执行

规则一旦制定,就必须严格执行,无论在什么时间、地点。例如,禁止说脏话的规则,无论是在外面还是在家里,无论是今天还是明天,都应严格执行。

4. 父母要以身作则

所有的规则不仅仅是为孩子制定的,父母也要严格遵守、以身作则。孩子的成长离不开成人的示范与督促。父母应该细心观察孩子日常生活中的行为习惯,如果发现孩子的言行不符合规则,就应该及时提醒并纠正。同时,家长也要让孩子明白违反规则的后果。这样,孩子的规则意识就会在日常生活中慢慢得到强化。言必信,行必果,这句话使父母和孩子都受益无穷。

世间万物皆有规矩。对待规矩,我们要心有所畏、言有所戒、行有所止。倘若只顾自己活得随心所欲,便无所顾忌,一味漠视规则,那么惩罚与危险便会慢慢降临。做人做事,懂得规矩并守住规矩,才能守住做人的底线。

这次主题课程到此结束。陪伴式成长,让我们和孩子一起遇见更好的自己!

家长如何管理孩子的学习

——临沂银城小学智慧家长课堂系列必修课程四年级(上)主题课程

一、活动目标

(1)引导家长关注孩子的学习,帮助家长识别在管理孩子学习过程中存在的问题和误区。

(2)家长学会管理孩子学习的有效策略,为孩子创设良好的学习环境,培养孩子爱学习、会学习的能力。

二、活动过程

同一个班级中孩子之间的竞争,本质上是家长综合素质的竞争。在教育的道路上,千千万万个父母都盼望着自己的孩子能成才、有出息。然而,家长不能仅仅指望孩子自觉,教育是有时效性的,一旦错过便无法重来。教育好自己的孩子,是父母一生中最重要的使命。孩子如同一棵幼苗,需要家长精心呵护与引导,才能在未来的风雨中茁壮成长。因此,家长管理孩子一定要从小开始,而家长管理孩子学习的能力的强弱,又是影响孩子学习好坏的关键因素。

(一)家长管理孩子学习过程中存在的问题

1. 批评教育过多

当孩子犯错、不听话时,父母总是容易发火,吼叫甚至打骂孩子。这样的批评教育不仅无效,甚至还会起反作用。适当的批评会引起孩子的重视,但过度频繁的指责批评则会引起孩子的叛逆和对抗心理。家长们普遍认为,只有在孩子犯错时批评他们,孩子才能记住教训并改正错误。然而,频繁的纠错如同心灵的腐蚀剂,会让孩子变得胆怯、自卑、失去面对困难的勇气。

当孩子犯错时,家长不要一味地批评孩子,家长要帮助孩子分析犯错的原因。家长对孩子要多一些理解和共情,用肯定和夸奖强化孩子的好行为,增强孩子的自信,让他感受到爱,这种无形却强大的力量,能敦促他变得更好。

家长既可以是孩子成长路上的加油站,也可以是孩子成长路上的绊脚石。家长在与孩子交流时,应该思考自己的话语是在增强还是削弱孩子的力量。孩子需要鼓励,就像植物需要阳光和水。鼓励和赞美能带给孩子自信和力量,让他们充满无穷的力量,拥有变好的决心。而家长的批评、指责、埋怨,不过是在发泄情绪,却深深伤害了孩子的心灵。

2.过于重视结果

有的家长对孩子的学习管理方式简单粗暴:定目标,看结果。在设定目标时,他们不顾孩子的基础和实际情况,一味追求高分和高名次。在评估结果时,他们不与孩子的过去比较,只与设定的目标和成绩最好的同学比较。这类家长平时不关心孩子的学习过程和进展,只关心最后的考试结果。因此,每次考试对孩子来说都是一次打击,他们的身心都要经历痛苦的煎熬,这对孩子的身心发展极为不利。

实际上,成绩只能检验孩子某一阶段的学习效果,尤其是小学阶段的学习成绩,并不能代表孩子的潜力大小。家长应该帮助孩子正确看待成绩,引导孩子多关注学习过程,少关注结果,从而塑造他们的成长型思维。拥有成长型思维的孩子,不会因一时的考试结果不理想而沮丧、一蹶不振,他们懂得通过不断的努力会取得更大的进步。

家长的关注点不能仅仅停留在成绩本身,而应放在孩子基本能力的培养上,比如好奇心、求知欲、学习习惯、时间观念、专注力、自我管理能力的培养。这就像盖一座大厦,一开始最重要的不是快速成型,而是一步步打好地基,这样盖成的大厦才会稳固。教育的关键在于保护孩子的好奇心和学习兴趣,激发他们的内驱力,让他们自觉学习、不断进步。做好了这些,孩子取得好成绩便是一件水到渠成的事情。更重要的是,孩子拥有自主学习、自我管理的能力,将会终身受益。

3.过度关心过程

有些家长过度关心孩子的学习过程,这些家长主要分为以下三种类型。

(1)包办型家长:孩子做作业时,家长守在一旁,一旦孩子写错一个字,便"帮忙"擦掉重写;做错一道题,就罚做三道题,这些行为会扰乱孩子的心。

(2)监视型家长:家长虽然与孩子保持一定距离,但目光始终不离孩子。一旦孩子稍有分心,便以一声轻咳作为提醒。一、二年级的孩子可能还会乖乖听话,但到了四、五年级,孩子便会开始反抗,反对这种缺乏尊严的陪伴方式。

(3)检查型家长:孩子完成作业后,家长非常负责地检查每一道题,查出的错题要求孩子及时改正。最后学习变成了家长的事,孩子则逐渐依赖家长。

以上三种家长虽然劳心劳力,但孩子未必领情。这种教育方式容易导致孩子无法养成良好的学习习惯。

这些只重要求而忽视鼓励、只重结果而不问过程或空有热情、不懂方法的教育方式,导致了一系列新的问题,例如,孩子撒谎、欺骗家长;孩子怀疑父母不爱自己,从而与父母产生隔阂;孩子学习压力太大,心理长期处于紧张状态;孩子厌学、逃学。面对这些问题,家长应积极调整教育方式,帮助孩子健康成长。

(二)家长管理孩子学习的有效策略

1.激发孩子学习的动机

从信息加工角度来说,我们要想学好一件事情,首先需要明确学习的目的和动机。激发孩子的学习动机,就是要找到孩子学习的兴趣点。那么,如何激发孩子的兴趣呢?与同龄人竞争是孩子的本能。家长可以适当地培养孩子的竞争意识,有助于孩子形成积极主动的性格。比赛的意义不在于输赢,而在于通过竞争发现差距和不足,从而促进孩子成长。因此,孩子要树立正确的竞争意识,不要过度关注比赛的输赢,不要害怕失败,要在失败时积极分析失败的原因。随着年龄的增长,孩子的学习动机逐渐从兴趣转化为志趣,为未来的持续学习提供内在动力。家长要善于发现孩子的兴趣爱好,并强化孩子的兴趣,激励孩子不断学习、不断进步。

2.建立孩子学习的自信心

儿童心理学研究表明,要想让孩子对一件事产生兴趣,那就在他最初的、最细小的点滴进步上给予赞赏和鼓励。这样孩子就会觉得这件事情有意义,下一次他就会本能地更努力一点,如此反复,就产生了兴趣。例如,在每次考试后,家长不应仅以结果论英雄,而应关注孩子的进步,哪怕只是一分的提升,甚至成绩有所下降,也要先找出进步之处加以鼓励,如书写有进步、阅读理解能力增强了。当指导孩子做作业时,家长可先让孩子完成一些简单的题目,增强他的信心,再逐步引导他完成较难的题目。长此以往,孩子的学习兴趣便会慢慢被激发起来。表扬鼓励的方式多种多样,竖竖大拇指、一句赞美的话、一次会心的微笑、一个热情的拥抱都能让孩子感受到父母的关心与赞赏。

学习是一个循序渐进的过程。对于孩子的学习,家长一定不能急于求成,必须有耐心,更不能使用简单粗暴的教育方式。如果家长对孩子提出过高的学习目标或强迫孩子学习,时间一长,孩子可能会因过度焦虑或压力过大而产生抗拒学习的情绪。当孩子学习遇到困难或成绩出现下降时,家长应保持平和、冷静的心态,多鼓励、帮助孩子,让孩子在克服困难、获得成功的过程中增强学习的兴趣与信心。

3.创设良好的学习环境,发挥家长的示范作用

在学习习惯养成方面,社会心理学特别强调外部环境的力量。这种力量主要体现在两个方面:一是学习共同体的凝聚力和他人的社会情感支持;二是当前学习环境的支持,比如老师、同伴的支持。

在家庭环境中,如果家长彬彬有礼、热爱阅读,孩子会无意识地模仿,逐渐养成喜欢学习的习惯;在班集体中,积极向上的班级氛围也会引导学生以更饱满的情绪对待学习。

为孩子创设良好的学习环境,家长可从以下两方面入手。

(1)提供安静、舒适的学习空间。家长应尽量为孩子安排独立的书房、书桌、书橱,为孩子提供必需的文具、图书等。物品无需奢华,但应简单实用,确保孩子拥有一个安静的、不受干扰的学习环境,使其能够安心学习、静心读书。如果孩子在嘈杂的环境中学习,难以静心,这一定会削弱孩子对学习的兴趣。

(2)提供学习氛围浓厚的家庭环境。要想给孩子营造一个良好的学习氛围,家长应注意以下几个方面:父母双方学会合作,应在孩子学习问题上达成一致,如有分歧需协商解决,统一意见后共同执行;父母要避免在孩子面前议论他人是非或贬低老师,以免对孩子产生负面影响;父母要帮助孩子养成定时、定地学习的习惯;当孩子学习时,家长应避免进行干扰性活动,如打牌、看电视;家长要适时指导,仅在孩子确实需要帮助的时候给予指导,避免过度干预。

4.培养孩子良好的行为习惯

好习惯的力量是强大的。叶圣陶曾说:"中小学的根本任务就是培养学生的习惯。"习惯一旦养成,便会成为支配人生的一种力量。良好的学习习惯不仅可以提升学生的学习效率,也对学生的未来发展起到关键作用。

家长和教师应重点培养孩子以下学习习惯:上课专心听讲,课后认真完成作业;及时整理错题和薄弱知识点,查漏补缺;按时预习和复习,巩固所学知识;学会总结答题方法和技巧,提升学习效率;积极思考,善于提问,勇于质疑。

家长要督促孩子早睡早起,保持规律作息;鼓励孩子锻炼身体,增强体质;为孩子立下遵守时间的规矩,培养其时间观念;鼓励孩子参与家务,增强责任感和动手能力。

家长在培养孩子好习惯时,应严格要求、细致指导和耐心陪伴孩子。任何习惯的养成都不是一蹴而就的。因此,家长不能着急,特别是当孩子的一些不良习惯出现反复时一定要耐心,要对孩子有信心。因为反复是习惯培养的正常规律,而非无效的表现。

5.帮助孩子制订计划、拆解目标

在日常教育孩子时,家长应引导孩子学会制定目标,告诉孩子不要制定多个目标,要专注于一个目标全力出击,这样才能有效化解难题,轻松完成学习任务。家长教会孩子制订计划、拆解目标是提升孩子学习效率、激发学习内驱力、让孩子学习更有成就感的关键。

目标设置要适当、明确和具体。适当就是目标不能过高,也不能过低;明确是指目标要便于对照和检查,避免空谈;具体是指将长期目标分解为短期任务。比如,家长想让孩子数学达到中上水平,那么就制订每天做 10 道计算题、5 道应用题的计划。

设置目标完成激励机制。适当的奖励是孩子开启下一阶段学习的动力。奖励可以是孩子心心念念的物品,也可以是一次特别的体验,如带孩子吃一顿大餐。重要的是,通过奖励认可孩子的努力,增强其持续学习的积极性。

教育是一个从"牵手"到"放手"的过程。家长需要先教会孩子如何学习和管理时间,然后逐步放手,让孩子独立完成任务。

这次主题课程到此结束。陪伴式成长,让我们和孩子一起遇见更好的自己!

父母会赏识，孩子更优秀

——临沂银城小学智慧家长课堂系列必修课程四年级(下)主题课程

一、活动目标

(1)通过家长课堂，家长能够认识到赏识教育的重要性。

(2)通过案例分析，家长能够了解错误的赏识教育对孩子的影响。

(3)家长学会如何正确使用赏识教育。

二、活动过程

教育孩子是一个深奥而又不可避免的问题。好的教育方式可以带来很多好的影响。本次的智慧家长课堂探讨赏识教育的重要性，以及它如何帮助孩子更好地成长。

(一)认识赏识教育

1. 赏识教育的定义

什么是赏识教育呢？赏识教育是指肯定和表扬孩子的行为结果，以强化孩子的行为；赏识孩子的行为过程，以激发孩子的学习兴趣和动机；适当提醒，以纠正孩子的不良行为。

2. 赏识教育对孩子的影响

美国心理学家威廉·杰姆斯曾说过："人性最深层的需要就是渴望别人的赞赏，这是人类之所以有别于动物的地方。"许多伟人的成功都离不开父母的赏识，正是这种赏识不断地激励他们坚定地走向成功。赏识教育对孩子的成长具有以下三方面的积极影响。

（1）帮助孩子建立自信心。赏识教育通过夸赞和认可孩子的行为或成果，使得孩子更有自信。在赞扬声中，孩子会不断认识到自己的优点，从而更加相信自己。这种信心使孩子在面对困难和挑战时更有底气和勇气。特别是对比较自卑的孩子，家长更应该采用赏识教育。在家长赏识孩子的过程中，孩子可以逐渐发现自己的优点，学会自我肯定，从而形成健康的自我认知。

（2）激励孩子进步，养成好习惯。赏识教育可以激励孩子改掉不好的习惯，逐渐养成良好的习惯。当孩子完成一件事情但结果并不完美时，家长不必急于纠正错误，而是先真诚地表扬孩子做得好的地方，再温和地指出不足，同时表示期待孩子下次能够做得更好。通过这样的方式，孩子会在鼓励中不断进步，最终养成良好的学习和生活习惯。

（3）有效激发孩子的兴趣。孩子对未知世界充满好奇心，而赏识教育可以有效激发他们的探索兴趣。例如，当孩子观察一只毛毛虫时，家长可以通过表扬孩子的观察力，引导其探索毛毛虫的一生。通过真诚的赞美和鼓励，孩子的探索欲和求知欲会不断增强，同时其动手能力和思考能力也会得到提升。

（二）案例展示与分析

1.案例展示

聪聪的妈妈自从得知赏识教育的重要性，便不再对聪聪说任何批评的话，而是不断地夸奖他是最棒的。当聪聪画了一幅画、独立清洗衣服、学会轮滑时，聪聪的妈妈都会追着表扬他："你是最棒的！"甚至当聪聪完成一些能力范围内的简单小事时，妈妈也会毫不犹豫地夸奖他。

上小学后，班主任发现聪聪抗挫能力特别差，一句语气稍重的话就能让他委屈大哭。除此之外，他做什么事情都想要得到老师的关注和认可，例如，聪聪经常问："老师，你快看我写得多好，我是不是最棒的？"在探索学习中，他经常出现畏难情绪，非常容易放弃，只对自己擅长的事充满热情，而对有难度的事则表现出抵触情绪，不敢尝试。对此，聪聪的妈妈感到非常困惑:"不是都说好孩子是夸出来的吗?我几乎事事都夸,为的就是帮他建立自信。怎么反而让孩子失去自信,不愿尝试了呢?"

案例中的妈妈虽然意识到了赏识教育的重要性,但她的做法是不正确的。错误的赏识教育会给孩子带来不好的影响。家长利用赏识教育培养孩子的自信心无可非议,正确、适度的夸奖可以激励孩子坚持好的行为,并通过这种坚持实现自我成长。然而,赏识教育绝不是简单的表扬和鼓励,它指的是赏识孩子的行为结果,以强化孩子的行为;赏识孩子的行为过程,以激发孩子的兴趣和动机;适当提醒,以纠正孩子的不良行为。如果家长总是用"你是最棒的"这类笼统的话语夸奖孩子,或者事事都给予表扬,结果往往会适得其反。这种过度夸奖不仅无法帮助孩子建立真正的自信,还可能让孩子依赖外部评价,缺乏抗挫能力,甚至对挑战性任务产生畏惧心理。

2.错误的赏识教育对孩子的影响

(1)笼统的表扬会让孩子感到困惑,无法知道自己的哪些行为值得肯定,从而失去努力的方向。

(2)含有"最"字的过度表扬语言容易让孩子形成以自我为中心的思维,难以对自己有清醒的认识,甚至可能产生自负心理。

(3)只夸孩子"棒"而不夸他在过程中付出的努力,会让孩子形成固定型思维,不愿也不敢挑战新事物。

(4)一味地用"你是最棒的"这类话表扬孩子,会让孩子的内心变得脆弱,难以承受挫折和批评。

(5)随意的表扬话语(如"你是最棒的")会让表扬失去原有的激励作用,孩子可能逐渐对表扬麻木。

(6)频繁使用"你是最棒的"这类话语会让孩子感到压力倍增,担心自己无法一直保持"最棒"的状态。

(三)组织反思

针对本次主题活动,学校提前向各位家长做了关于赏识教育的调查。本次调查共有 30 人参与。通过分析家长的调查问卷数据,可以看出,50%

的家长对赏识教育是不太了解的,还有绝大部分的家长对于孩子好的表现都是比较敷衍的表扬。

家长们要反思以下问题:什么是错误的赏识? 如何正确赏识孩子?"赞美"与"鼓励"的区别是什么?

(四)引导实践

1.错误赏识的类型

第一种类型:家长的表扬次数太多。频繁的表扬和过度的赞美会让孩子产生一种错觉,认为自己没有任何问题。这种错觉可能导致孩子盲目自信,甚至改变其性格和做事方式,使其难以接受批评或面对失败。

第二种类型:家长的表扬过于敷衍。有的家长虽然认识到表扬孩子的重要性,但在实际生活中,大多数家长的表扬过于敷衍。他们的表扬往往缺乏真诚,只有在孩子主动问询时,才会给出机械式的回应,如"你真棒"。这种敷衍的表扬不仅无法激励孩子,还可能让孩子感到被忽视。

第三种类型:踩一踩,夸一夸。在表扬孩子时,有些家长会通过贬低他人来突出自己孩子的优点。这种"踩一捧一"的方式是错误的,因为每个孩子都是独立的个体,有着不同的发展水平。这种比较不仅会伤害其他孩子的自尊,还可能让孩子学会虚荣和攀比,影响其心理健康。

家长夸奖孩子一定要用对方法,不要让夸奖变成伤害,错误的夸奖可能会毁掉孩子的自信和勇气。

2.如何正确赏识孩子

渴望得到赏识,是孩子成长的精神需求,但是家长赏识孩子也需要讲究正确的方法。许多家长分不清赏识与赞扬,认为赏识孩子就是告诉孩子"你真棒"。事实上,赏识教育远不只是说一句"你真棒"这么简单。赞扬只是赏识的一种手段,家长要采用正确的赏识方法,使孩子真正感受到赏识教育的力量。

(1)赏识孩子应该发自内心。家长都希望自己的孩子是最优秀的。然而,随着与孩子相处的时间增加,许多家长眼里看到的似乎总是孩子的缺点,却忽视了他们的优点,总觉得自己的孩子不如别人家的孩子好。有些家长还会将自己孩子的短处与别人家孩子的长处相比,甚至过度美化和夸大别人家的孩子。这种做法的初衷是想给自己的孩子树立榜样,但实际上给孩子带来了巨大的伤害。每一个孩子都有独特的长处,判断一个孩子是否优秀不能只取决于一个方面。家长要学会发现并赞美孩子的优点,让孩子在赞美声中继续发扬自己的优点。

如果家长的赞扬并非发自内心,那么所有的赞美都会显得虚伪,孩子也会觉得父母假惺惺,赞扬的目的自然无法实现。无论孩子是否优秀,家长都应以平常心对待孩子。家长要真正发现孩子的优点,发自内心地赏识他们。当父母赏识孩子时,一定要认真地注视着他们,并温和地说:"孩子,你是我的骄傲!"

(2)赏识孩子的努力而不是聪明。家长应该多夸奖孩子的努力,少夸奖孩子的聪明与漂亮。聪明与漂亮是先天的优势,而努力是后天的良好品质。那些经常被夸赞聪明的孩子,往往会把优异的成绩归因于天赋,将分数看得过于重要,一旦遇到挫折就容易灰心,不愿意接受新的挑战;而那些被夸奖努力的孩子,更愿意尝试新事物,并尽全力做到更好。当孩子在学习或其他方面取得优异成绩时,父母可以说:"成绩真不错,这都是你努力学习的结果!"当孩子通过努力完成一件事时,父母可以说:"真是个努力的好孩子!"

(3)鼓励孩子克服紧张。孩子在考试或比赛前都会产生一些紧张情绪,有时甚至会因为紧张而影响发挥,陷入"学得好考不好"的怪圈。父母虽然希望孩子能获得好成绩,但也不能表现出很在乎考试或比赛的成绩,否则只会加剧紧张气氛,让孩子的压力更大。明智的父母应从赏识孩子的角度出发,积极鼓励和安慰孩子,帮助他们树立"只要努力,我一定能考好"的信念,从而缓解孩子的压力,增强孩子的自信心,让孩子从容面对考试或比赛。

当孩子面临考试或比赛出现紧张情绪时,家长可以说:"只要努力,就一定会取得满意的成绩,我们相信你!"如果孩子担心自己考不好,家长可以说:"不要担心,以平常心面对,即使这次考不好,下次还有机会!"当孩子准备不足时,家长应提供适当的帮助和指导,让孩子更有信心,比如可以说:

"孩子,让我来教你几招!"

3."赞美"与"鼓励"的区别

赞美多是内容单一的、夸张化的。家长常常用"最"等程度副词来夸奖孩子,例如,"你是最棒的"。这种赞美方式容易让孩子产生一种错觉,认为自己是同龄人中最棒的,从而忽视自身的缺点。鼓励则多是详细的、实事求是的,不会刻意将孩子与同龄人相比,句式通常是"描述事情+评价"。例如"你今天认真完成了作业,字迹工整,解题思路也很清晰,做得非常棒"。这种话语能够帮助孩子明确自己的优点。

(五)课堂小结

"数子十过"不如"奖子一长"。当孩子遭遇挫折时,父母的一个鼓励的微笑、一句勉励的话语,或一个信任的眼神,都能点燃孩子心中的希望之火。在孩子的成长过程中,他们需要不断尝试和体验,而父母的赏识尤为重要。正如教育家陶行知先生所说:"教育孩子的全部秘密在于相信孩子和解放孩子。相信孩子,解放孩子,首先要赏识孩子。"赏识是教育的真谛,能够带给孩子无限的信心和动力,让孩子不断地前进。

因此,家长要多给孩子一些赏识,努力挖掘孩子身上的亮点,为他们感到自豪和骄傲,帮助他们树立信心,保持积极的心态,让他们在人生长河中自信自强、脚踏实地,一步步迈向成功。

这次主题课程到此结束。陪伴式成长,让我们和孩子一起遇见更好的自己!

培养责任担当，共赢美好未来

——临沂银城小学智慧家长课堂系列必修课程五年级(上)主题课程

一、活动目标

(1)让家长了解责任与担当的基本概念，理解其在孩子成长中的重要性。

(2)培养家长的责任意识和担当精神，提高他们引导孩子处理问题和承担责任的能力。

(3)引导家长树立正确的家庭教育观念，增强对孩子的责任感和关爱。

(4)培养孩子的公民素质和社会责任感，使他们成为有担当的未来公民。

二、活动过程

这次智慧家长课堂的主题是"培养责任担当，共赢美好未来"，主要从以下四个方面展开介绍：培养孩子的责任感与担当精神的重要性、培养孩子的责任感的途径、培养孩子的担当精神的方法、培养孩子的责任感与担当精神的注意事项。

(一)培养孩子的责任感与担当精神的重要性

家长要鼓励孩子积极参与各种活动，从中发现自己的兴趣。孩子通过活动可以拥有积极的生活态度，从而更有动力去面对生活中的挑战。然而，孩子仅有积极的生活态度是不够的，家长还得引导孩子树立正确的价值观。家长要让孩子明白，责任感和担当精神在生活中是非常重要的。只有这样，他们才能树立起正确的人生目标,追求有意义的人生。

家长要鼓励孩子独立思考。当孩子遇到问题时,家长要让他们自己寻找解决方案,培养他们自主解决问题的能力。同时,家长还要引导孩子勇敢面对挫折和失败。因为失败并不可怕,重要的是要从失败中吸取教训,提高解决问题的能力。这样,孩子在成长过程中不仅能够更好地应对各种挑战,也能逐渐培养出责任与担当的意识。

家长要引导孩子关心和理解他人,培养他们的同理心,这有助于促进与他人的良好互动和沟通。此外,家长也要多与孩子交流,建立信任关系,让他们在人际交往中更加自信和富有责任感。只有这样,孩子才能真正成长为一个有担当的人。

(二)培养孩子的责任感的途径

家庭教育是培养孩子的责任感与担当精神的基石。家庭是孩子成长的摇篮,父母是孩子的第一任老师。因此,父母应以身作则,让孩子在模仿中学习。此外,家庭成员之间应有明确的分工,孩子应承担适当的家务,从而培养他们的责任感。家长还应鼓励孩子自主决策并承担决策的后果,让孩子学会为自己的行为负责。这样一来,孩子不仅拥有了责任感,还能在未来的生活和工作中表现出色。

社会实践是培养孩子的责任感与担当精神的重要途径。家长要鼓励孩子参与志愿服务活动,培养他们的社会责任感。此外,家长还可以通过组织实践活动,让孩子体验不同的角色和情境,从而培养他们的责任感和担当精神。同时,家长也可以鼓励孩子参与社区活动,了解社区需求,培养他们的社区责任感。这些社会实践可以帮助孩子更好地理解社会、关心他人,并逐渐培养他们的责任感与担当精神。

要培养孩子的责任感与担当精神,家长不能忽视同龄群体的影响。孩子身边的同龄人可能会成为他们学习的榜样。因此,家长和老师需要引导孩子向积极向上的同龄人学习,这样可以让他们学会承担责任。此外,家长可以通过组织集体活动,让孩子在团队合作中学会承担责任,培养他们的团队协作精神。家长也要注重培养孩子的社交技能,让他们能够更好地与同龄人沟通和合作,共同完成任务。这样,孩子才能更好地适应社会,成为一个有担当的人。

(三)培养孩子的担当精神的方法

1.家长要鼓励孩子勇于承担责任

家长可以通过日常生活中的一些例子,告诉孩子每个人都需要承担自己的责任,因为这是成为一个真正独立的个体的重要条件。同时,家长可以适当地让孩子参与家务劳动,让他们在实践中体验到承担责任的快乐和成就感。当孩子主动地承担责任并完成任务时,家长应及时给予表扬和奖励,以增强孩子的积极性和自信心。通过这样的培养,帮助孩子在未来的日子里真正担当起自己的责任。

2.家长要培养孩子的自主性

家长应尊重孩子的意愿和选择,让孩子有自主决策的机会,这样能够培养他们的独立思考能力。同时,家长也要鼓励孩子独立完成自己的事情,比如穿衣、洗漱、整理房间,这样能够让孩子在实践中逐渐培养自主性。此外,家长可以帮助孩子制订计划和目标,并鼓励他们自主完成。通过这样的引导,孩子能够逐渐形成自我规划和自我管理的能力,从而更好地承担起自己的责任。

3.家长要引导孩子关注集体利益

家长应告诉孩子个人的行为会影响整个集体的利益,让他们明白集体荣誉感的重要性。此外,家长要鼓励孩子参加各种集体活动,如社区服务、志愿者活动,让他们在实践中体验集体力量的重要性。同时,家长可以引导孩子在团队中发挥自己的作用,与他人协作完成任务,让孩子意识到自己在团队中的价值和重要性。这样能够帮助孩子逐渐成长为一个有责任、有担当的人。

4.家长要培养孩子的抗挫能力

家长应该告诉孩子,失败是成长中不可或缺的一部分,不要害怕失败,而要从中学习和成长。当孩子遇到困难时,家长要鼓励他们勇敢面对,而不能逃避。同时,家长可以让孩子参加一些需要耐心和毅力才能完成的活动,比如长跑、绘画。这些活动能培养孩子的耐心和毅力,从而使其更好地应对挫折和困难。这样,孩子不仅学会了如何正确看待失败,也学会了如何勇敢面对困难,为将来的生活和事业打下坚实的基础。

(四)培养孩子的责任感与担当精神的注意事项

1. 尊重孩子的个性发展

要培养孩子的责任感与担当精神,家长要尊重孩子的个性发展。每个孩子都是独一无二的,他们拥有自己的性格和兴趣。家长要给予孩子足够的发展空间,让他们在兴趣和爱好方面自由发展。同时,家长也要尊重孩子的选择和决定,鼓励他们独立思考、自主决策。这样,孩子才能在自主探索中逐渐培养出责任感和担当精神。因此,家长从现在开始,要给孩子更多的自由和尊重,让他们在自主探索中茁壮成长!

2. 避免过度保护和溺爱

过度保护和溺爱会剥夺孩子学习承担责任的机会。家长应该适度放手,让孩子独自面对生活中的挑战和困难。当然,家长也要给予他们支持和鼓励,帮助他们学会自主解决问题。这样,孩子不仅能提高解决问题的能力,还能在实践中真正学会承担责任。因此,家长要适度放手,让孩子在挑战中成长!

3. 建立良好的沟通机制

培养孩子的责任与担当,需要从建立良好的沟通机制开始。家长要和孩子建立信任关系,多倾听他们的想法和感受,了解他们的需求和困惑。这样,孩子才会愿意与家长分享他们的喜怒哀乐,家长也能更好地指导他们如何应对挑战、解决问题。通过这样的沟通,家长可以逐渐培养孩子的责任感和担当精神,让他们成为有责任感、勇于担当的人。因此,家长要多花点时间与孩子沟通,这不仅有助于增进亲子关系,更有助于培养孩子的良好品质。

4.关注孩子的心理健康

孩子的心理健康同样重要。家长需要时刻关注孩子的情绪状态和心理需求,为他们提供必要的心理支持和鼓励。孩子只有在心态积极、充满自信时,才敢于迎接挑战,承担应有的责任。因此,家长不能只关心孩子的物质需求,还要呵护他们的内心世界,帮助他们建立积极的心态。

本次主题课程到此结束。陪伴式成长,让我们和孩子一起遇见更好的自己!

亲子沟通有智慧，手机管理有妙招

——临沂银城小学智慧家长课堂系列必修课程五年级(下)主题课程

一、活动目标

(1)通过家长课堂,帮助家长了解孩子沉迷手机游戏的原因。

(2)引导家长理解孩子沉迷手机游戏的危害。

(3)通过主题活动的讨论,让家长学会与孩子沟通的科学方法并指导孩子正确使用手机。

二、活动过程

家庭是人生的第一所学校,家长是孩子的第一任老师。在家庭生活中,父母对儿童的影响至关重要,尤其是在良好行为习惯、思想品德、价值观的形成以及健全人格的培养等方面具有基础性的作用。

如今的孩子几乎被电子产品包围,手机成为他们最喜欢的"玩具",一旦拿到父母的手机便不愿放手,甚至沉迷于游戏无法自拔。这次智慧家长课堂的主题是"亲子沟通有智慧,手机管理有妙招"。

(一)案例展示与分析

在智慧家长课堂上,主持人分享了两个案例,引发了大家的深思。案例一展示了家长玩手机的各种场景,这些画面真实反映了成人过度依赖手机的情况。家长无论是吃饭、休息,还是陪伴孩子时,手机总是不离手。案例二呈现了孩子们玩手机的各种场景。各位家长对这些画面并不陌生,甚至可能会觉得这就是自家孩子的真实写照。

这两个案例说明手机不仅影响了孩子,也深刻影响着家长的行为和家庭氛围。

没有天生就沉迷网络游戏的孩子,大量研究表明,网瘾的发生与家庭教育的关系十分密切,甚至有专家直言:"家庭是预防儿童网络成瘾的第一道防火墙,只有筑牢这道防火墙,才能帮助孩子赢在踏入社会的起跑线上。"家长和学校应该共同努力,用智慧和爱为孩子营造健康的成长环境!

(二)组织反思

绝大部分家长认为孩子玩手机游戏浪费时间且会影响学习。也有部分家长反映,孩子长时间玩手机游戏导致视力下降。在处理孩子玩手机的问题上,许多家长选择加强监督,甚至采取暴力制止的方式。

孩子为什么沉迷于网络游戏不能自拔呢?孩子沉迷于网络游戏的原因有很多。

(1)缺少陪伴。家长忙于工作,陪伴孩子的时间较少,孩子感到孤独。

(2)缺少玩伴。孩子缺少现实生活中的玩伴,便在网络上寻找志同道合的朋友。

(3)逃避现实。孩子在学习或生活中遇到挫折,期望在游戏中获得成就感和满足感。

(4)模仿家长的行为。家长在家频繁使用手机,孩子便模仿大人的行为。

(5)缺少情感寄托。孩子缺少父母的关爱,将情感寄托于网络游戏。

(三)引导践行

1.孩子沉迷网络游戏的危害

(1)孩子的身体健康受到危害。

孩子长期玩游戏会导致视力急剧下降。孩子长期保持一个姿势玩手机,可能导致颈椎和脊柱变形,严重影响孩子的生长发育。

长期沉迷网络游戏的孩子往往缺乏体育锻炼,导致体质变差。有的孩子通宵玩游戏,身体得不到正常的休息,尤其是处于生长发育阶段的孩子,睡眠不足会严重影响健康。

(2)严重影响孩子的学习。

孩子睡眠不足,导致学习状态也不好。孩子晚睡早起导致课堂上无精打采,影响上课质量。

(3)孩子注意力不集中、记忆力下降,从而导致学习成绩急剧下滑。

沉迷于玩游戏的孩子的注意力很难集中,无法专注于学习。即使在学校,他们也是无心学习,从而导致学习成绩急剧下滑。

(4)情绪不稳定。

沉迷游戏的孩子习惯在虚拟世界中寻找成就感,慢慢变得不愿意和现实生活中的人沟通,性格孤僻,沉迷游戏的孩子情绪不稳定,要么过于激动,要么就容易焦虑。

2.当孩子沉迷手机时,家长如何做

家长要学会走进孩子的内心,与孩子建立情感联结,要用更多的耐心来温暖孩子,而不是简单粗暴地夺走电子设备。当孩子玩手机上瘾时,家长强行制止只会让孩子更加痛苦和抗拒。家长需要以引导和沟通为主,帮助孩子逐步摆脱对手机的依赖。

(1)家长尽量不在孩子面前玩手机。

家长应以身作则,尽量避免在孩子面前玩手机。例如,下班回到家后,家长不要第一时间躺在沙发或床上玩手机,尽可能多阅读,为孩子营造一个良好的学习氛围。

(2)友善交谈,心态平和,表达关心。

家长要用平和的语气、协商的态度与孩子交流,让孩子感受到被尊重,这样他们更容易接受建议。家长可以通过询问孩子来了解孩子使用手机的主要需求。家长只有摸准孩子的需求,才能为他们提供精准的关怀。当看到孩子无节制地玩手机时,家长难免感到焦虑,甚至可能火冒三丈,这样的表现只会激化家长和孩子的矛盾。因此,在这种情况下,家长应先冷静下来,试着理解孩子的感受,等情绪平复后再与孩子沟通,避免把情绪直接发泄到孩子身上。家长要意识到帮助孩子停止玩手机游戏才是目的所在。当孩子出现哭闹等不满情绪时,家长也应该耐心引导。

（3）要帮助孩子看透游戏的套路，提升孩子的觉悟。

许多游戏是由专业人士精心设计的，孩子在游戏中容易获得成就感和满足感，从而沉迷其中。家长可以帮助孩子了解游戏设计的套路，让他们认识到游戏是如何让人上瘾的。

（4）给孩子设置玩手机的规则。

如果老师布置的作业需要在手机上完成，家长可以采用手抄或口头转述的方式告诉孩子。当孩子需要用手机来查询资料时，家长应辅助和引导孩子正确地使用手机，不能直接把手机交给孩子让他自己查。家长与孩子商定手机使用的规则，如什么时间可以使用手机、每次使用手机的时长、手机不使用时应放置在指定位置、超时使用手机的惩戒办法，等等。如果孩子在一段时间内都能遵守共同制定的规则，家长就可以给予孩子更多手机使用的自主权。如果孩子不遵守规则，家长应再次帮助孩子完善自律计划，并加强监管。

（5）亲子之间智慧沟通，有效训练手机管理。

有些家长经常会问："要是约定没有用怎么办？比如孩子口头答应得很好，但行为上做不到怎么办？"

家长要了解孩子的生理特点。人的大脑前额叶皮质层是负责理性思考的，但要到 25 岁才能发育成熟。因此，家长不能指望孩子说到做到，这是不可能的。孩子的说到做到一定要通过训练获得，家长需要花时间培养孩子的自控能力。

家长要训练孩子的时间管理能力。例如，家长和孩子事先协商好周六可以玩 2 个小时手机，那家长就可以用闹钟设置提醒时间。孩子一般没那么自觉，当闹钟响时，不会马上放下手机。因此，家长可以分两步：第一步，家长用闹钟设置提醒时间，告知孩子玩手机要遵守约定时间；第二步，家长要提前五分钟给孩子"打预防针"。当时间快到的时候，家长要跟孩子说："宝贝啊，还有五分钟时间就到了。"这样的方式可以让孩子有一个心理缓冲。

每个孩子沉迷手机的程度不同，有轻度、中度、重度之分，因此家长要根据孩子沉迷手机的程度有针对性地采取处理方法。对于轻度沉迷手机的孩子来说,他很容易履行约定。当约定的时间到了,家长可以提醒孩子说:"宝贝,时间到了,手机是你自己关,还是妈妈关呢?你来决定。"这句话很重要,一是把选择权还给孩子,二是训练孩子的自控能力。对于轻度沉迷手机的孩子来说,不管是自己关还是妈妈关,他都会遵守约定。

当孩子按约定把手机递给家长后,家长不要立马美滋滋地走开,而是要及时给予孩子鼓励。这种正向反馈对孩子的成长非常重要。这时,家长可以说:"宝贝,妈妈看到你玩手机时很专注、很开心,到规定的时间,你能按时放下手机了,说明你讲信用,是个自律的好孩子。以后做事情你都能够这么专注、自觉,将来一定会有出息的!"家长要及时用这些话语鼓励孩子,强化他的正向行为,帮助孩子建立自信心、收获成就感。孩子在不断被认可、肯定的过程中也会逐渐形成内在的价值感和归属感。通过不断强化孩子的自信心、成就感、价值感和归属感,孩子会逐渐摆脱对手机的依赖。同时,这种积极的心理状态也会帮助他们在学习和生活中表现得更加出色。

(6)用正确的爱让孩子有归属感。

有的孩子发展到重度网瘾,这并不是一朝一夕的事情,其背后往往有复杂的原因,如家长忙于工作,很少陪伴孩子;孩子与家长的矛盾过深。对于这些孩子,家长仅靠设定规则无法短时间解决问题,而是要付出长期的时间和精力,并给予孩子足够的关爱。

首先,家长要学会与孩子交流,理解他们的过往经历与感受。孩子只有感受到爱,才能从自我否定中走出来,不再将全部精力和精神寄托在玩手机上。当孩子感受到温暖时,才会慢慢打开心门,家长的付出才会得到回应。其次,家长要经常温和且坚定地告诉孩子:"妈妈很爱你,但是不能答应你。"当孩子因要求未被满足而情绪失控时,家长就可以说这句话。这句话可以帮助孩子平复情绪,释放心中的不满,同时让他们感受到爱与被理解。

良好的亲子关系是一切教育的基础。当亲子关系融洽时,家长与孩子的沟通和引导会更加顺畅;反之,孩子可能会忽视家长的建议,甚至产生反感情绪。因此,建立良好的亲子关系是帮助孩子摆脱网瘾的关键。

(7)父母多跟孩子互动,丰富孩子的日常生活。

孩子沉迷手机大多数都是因为父母不能提供足够的陪伴和互动,缺少家庭温暖。因此,家长一定要重视培养孩子的兴趣。家长要用孩子喜欢的事物将他们从手机中吸引出来。无论是球类运动、手工制作、编程,还是户外活动,只要孩子感兴趣,家长就应全力支持,甚至投入时间和金钱去培养这些兴趣。

当然,如果孩子对玩手机成瘾程度非常严重,家长可以考虑寻求医生或专业人士的帮助,把孩子交给专业人士。通过专业干预,让孩子戒掉玩手机,让他重回到现实生活中。然后家长再通过培养兴趣帮助孩子找回成就感、价值感、掌控感、归属感。

(四)课后拓展

家长需要学会与孩子智慧沟通,引导孩子正确使用手机,增强他们的自我管理和自我约束能力。同时,家长应尽可能为孩子创造与同伴交流的机会,丰富家庭亲子活动,如阅读、散步、运动、看电影或者去餐厅享受美食,甚至在家里一起打扫卫生、做饭。这些经历不仅能带给孩子愉悦感、成就感,还能帮助孩子摆脱对手机的依赖,享受现实生活的幸福与快乐。

真正的陪伴,不在于时间的长短,也不拘泥于方式方法,只要让孩子感受到关爱与快乐,便是高质量的陪伴。因此,家长一定要用心陪伴孩子。

这次主题课程到此结束。陪伴式成长,让我们和孩子一起遇见更好的自己!

以梦想为伴,为心灵导航

——临沂银城小学智慧家长课堂系列必修课程六年级(上)主题课程

一、活动背景

"梦想教育"是实现人全面发展的重要内容,对人的可持续发展起着至关重要的作用。中小学生正处于初步形成梦想的阶段,他们开始憧憬美好的未来。为人父母者一定要保护并培养孩子的梦想,只有这样,才能让孩子梦想成真。因此,本次智慧家长课堂旨在引导学生深入理解梦想的意义,激发他们追求梦想的热情,鼓励孩子坚定信念,勇敢面对追梦路上的挑战。

二、活动目标

(1)帮助家长理解梦想的含义。

(2)帮助家长理解梦想的重要性。

(3)引导家长教育孩子如何实现梦想。

(4)通过实际案例,让家长为孩子的梦想保驾起航,明白成功的获得需要付出努力和坚持。

三、活动过程

(一)梦想的定义

梦想是什么呢?梦想是人类特有的对自己生命活动的规划,是人们对未来的向往和追求。

崇高的梦想是一种强大的精神力量,它在激发人们的主动性和创造性、鼓舞斗志、振奋精神等方面具有很大的作用。

简单来说,梦想就是人们长大以后想要做什么工作?想要成为什么样的人?想要拥有什么东西?

梦想是人们心灵世界的中心,是指引人们前进的导航器。人一旦确立了梦想,就有了努力的目标。不论前进的道路上有多少困难,有梦想的人都能看到未来的希望,永远不会迷失前进的方向。

(二)孩子的成长需要梦想

1. 莱特兄弟的故事

在莱特兄弟很小的时候,他们有一次看到一群大雁鸣叫着从他们的头顶飞过。兄弟俩很好奇地问父亲,为什么大雁能够飞得那么高、那么快,而人却不能呢?父亲明白了他们的疑惑后,沉默了一会儿,然后对儿子说:"如果你们想飞,你们也会飞起来的。"两个儿子努力地试了试,并没有飞起来。

父亲接着说:"你们看看我是怎么飞的吧!"于是他尝试飞了两下,也没有飞起来,停了一会儿,他肯定地对两个儿子说:"可能是因为我年纪大了才飞不起来,你们还小,只要不断努力,就一定能飞起来,然后去你们想去的地方。"莱特兄弟牢记着父亲的教导,并一直不断努力。长大后,莱特兄弟发明了飞机,真的飞起来了。

通过这则故事可以得出,人类最可贵的就是拥有梦想。因为拥有梦想,才会对未来充满激情,才会不断创造生命中的奇迹。莱特兄弟正是因为拥有"飞起来"的梦想,才在长大后发明了飞机。然而在这个过程当中,他们的父亲也起着十分重要的作用。当莱特兄弟提出"想飞起来"的想法时,父亲并没有嘲笑他们,而是支持他们,这让莱特兄弟对梦想更加坚定和努力,并最终实现了梦想。

家长要保护孩子的想象力。孩子的梦想多源于想象。如果父母在孩子年幼时不注重培养和发展他们的想象力,那么孩子非但不能成为诗人、小说家、画家,而且也难以成为出色的法官、建筑师、科学家。因为缺少想象力的孩子往往没有梦想,没有梦想就不会有努力的目标和方向。反之,父母如果能够保护和引导好孩子的想象力,则孩子很可能会做出一番成就。

2.阿姆斯特朗的故事

阿姆斯特朗的妈妈正在厨房准备午餐,她听到自己的儿子在后院蹦蹦跳跳,弄出了很大的动静,便大声问他:"宝贝,你在干什么?"孩子兴奋地回答:"妈妈,我正准备跳到月亮上去呢。"

这个时候,阿姆斯特朗的妈妈并没有给儿子泼冷水,也没有说"小孩子不要胡说话""赶快进来洗手,准备吃饭"之类的话打击孩子的异想天开,而是很兴奋、很幽默地对孩子说:"这真是个不错的想法,但是,宝贝,可别忘记回来吃午饭喔!"后来,阿姆斯特朗真的成了第一位登陆月球的人。

莱特兄弟和阿姆斯特朗不仅是杰出的创造者,更是梦想的坚定追求者。阅读他们的故事,感受他们的智慧与力量,能够启发我们的思考,激发我们的潜能,帮助我们更好地面对生活的挑战。

阿姆斯特朗是幸运的,因为他的美丽梦想幸运地被他的妈妈保护了,所以才有了后来的故事。但是,在现实生活中,有许多孩子的梦想总是轻易地被父母扼杀在摇篮里,很难有远大的理想,成为平庸的人。例如,当听到孩子的梦想是获得诺贝尔奖时,有的父母会哈哈大笑地说:"年少轻狂啊,你知道得这个奖有多难吗?到现在为止,才有两个中国人获得,你觉得自己……"还有的父母当听说孩子的梦想是当一名出色的蛋糕师时,就嘲笑孩子没有出息。现实生活中,这样的例子举不胜举。正是父母这种有意或者无意的嘲笑,将孩子的梦想扼杀在摇篮里,使孩子失去了为梦想努力的激情和勇气。

(三)如何培养、保护孩子的梦想

无论孩子想做什么,只要是值得肯定的想法,父母应当给予支持。家长千万不可嘲笑孩子的梦想,无论孩子的想法有多幼稚,都应当尊重他们。孩子愿意与家长分享梦想,这说明他信任父母并渴望得到肯定。然而,如果孩子的梦想长期被最亲近的人嘲笑和反对,他们可能会从兴奋期待转向失望,甚至变得叛逆、迷茫,难以实现自我价值。

那么,父母应该如何培养、保护孩子的梦想呢?对于9~11岁的孩子,梦想的培养应从构建梦想开始,而构建梦想离不开孩子对自我的兴趣、能力、性格和价值观的认识和探索。这四个方面就像一个圆圈，相互独立又彼此联系，共同构成了孩子梦想的基础。

1. 激发孩子的兴趣，拓展梦想的边界

兴趣是梦想的起点，是推动孩子认识、探索事物的最大动力。如果孩子对某件事情缺乏兴趣，那么做这件事情时就容易缺乏热情和动力。家长应该如何激发孩子的兴趣呢？

家长可以借助榜样的力量，激发孩子的兴趣。现在的孩子极易被外界的新鲜事物所吸引，同时也特别容易受到榜样的影响。比如，数学老师讲课风趣幽默，孩子可能就会对数学产生浓厚的兴趣；某些明星的良好品质也会深深吸引孩子。这些榜样往往能成为孩子兴趣探索之旅的起点。

家长应鼓励孩子探索更多可能性。家长应引导孩子主动体验各种职业。比如，家长可以带孩子参观艺术馆、科技馆或组织家庭旅行，以此拓宽他们的视野。在孩子立志向的敏感期，家长不必急于利用测试工具来快速确定孩子的兴趣类型，而应给予他们充足的时间和空间，鼓励他们不断发展兴趣，勇敢探索，从而激发更多的发展潜能。

2. 培养孩子的能力，强化实现梦想的信心

兴趣和能力息息相关。兴趣决定孩子愿意花多少时间和精力做某件事情，能力则可以强化实现梦想的信心，并提高实现梦想的可能性。孩子各种能力的发展并非一蹴而就，而是需要长时间的培养。

家长不要轻易断言孩子的未来。在生活中，家长不要轻易给孩子下定论，比如，有些家长经常说孩子不够聪明、胆小怕事、懒惰无比。家长要允许孩子不够完美，降低对孩子的期待，经常告诉自己要允许孩子犯错误。同时，当孩子犯错时，家长要理智地反思以下问题：为什么一定要让孩子做这件事情？这件事有没有超出孩子的能力范围？这件事是孩子想做的还是强加给他的？如果不做这件事情对孩子人生有很大影响吗？家长通过反思帮助孩子找到适合他们的成长路径。

家长在培养孩子的能力时也要注重长远发展。五、六年级孩子的学习

任务逐渐增大。提升孩子的学习能力,比如记忆力、阅读力、思维力,显得尤为重要。然而,从孩子整个人生发展的角度来看,这些能力属于达成短期目标需要提升的能力。家长应该把眼光放得长远一些,要重点关注孩子的团队协作能力、社交能力、自理能力、创新能力、抗挫折能力的培养。这些能力虽然不会直接体现在成绩上,却能帮助孩子在未来的生活和工作中表现得更优秀。

家长要让孩子看到自身优势,从而提升他们的自信心。一个孩子能否把事情做好,除了与自身能力强弱有关,还与其抗挫折能力强弱、是否认可自己密切相关。家长表扬孩子时,一定要具体说明哪里做得好,好在哪里。此外,家长还可以引导孩子写"成就日记",记录每天最有成就感的事情。比如,今天哪些地方做得好?好在哪?付出了哪些努力?收获是什么?用一个词语夸夸今天的自己。成就不一定是取得多好的成绩,它也可以是生活中让自己感到愉悦的小事。通过"成就日记",家长能看出孩子的兴趣所在、个性特点和优势能力。这不仅有利于孩子更好地认识自我,还能增强他们的信心。

3. 帮助孩子制订实现梦想的计划

虽然孩子的梦想可能非常美好,但家长必须让他们明白,实现梦想需要付出努力和时间。家长可以帮助他们制订一个详细的计划,包括如何提升技能、获取必要的资源和信息,以及在遇到困难时如何寻求帮助。通过这种方式,孩子们不仅能学会为实现目标而努力,还能具有强烈的责任感。

4. 以身作则

家长的以身作则就是对孩子最好的教育。如果家长对孩子的梦想表现出浓厚的兴趣并给予支持,孩子就会更加坚定地追求自己的梦想。同时,家长也可以通过分享自己的经验和故事,激励孩子们勇往直前。

5. 让家庭成为梦想的摇篮

家庭环境对孩子的成长有着深远的影响。家长应该为孩子营造一个积极、开放和充满爱的家庭环境,让他们自由地追求自己的梦想。无论他们的梦想是什么,家长都应该尊重并支持他们。

6. 正确引导孩子的梦想

孩子的梦想可能是变成奥特曼拯救整个世界,家长不必感到无奈。此时,家长应该在理解和接受的基础上,逐渐引导孩子将兴趣与梦想转移到更实际的方向。例如,对于梦想成为奥特曼的孩子,家长可以将"超能力"具体化,即乐于助人的品质、强健的体魄和聪明的头脑。家长要告诉孩子只有加强这些方面的学习和锻炼,才能拥有生活中的"超能力"。

诗歌《梦想》中说:"梦想是石,敲出星星之火;梦想是火,点燃熄灭的灯;梦想是灯,照亮夜行的路;梦想是路,引你走到黎明。饥寒的年代里,梦想是温饱;温饱的年代里,梦想是文明。离乱的年代里,梦想是安定。安定的年代里,梦想是繁荣。"因此,家长一定要重视孩子的梦想。愿每个孩子都能心怀梦想、充满信心,扬起梦想的风帆,在自己的人生道路上行稳致远。

这次主题课程到此结束。陪伴式成长,让我们和孩子一起遇见更好的自己!

解读青春期叛逆，共做智慧型家长

——临沂银城小学智慧家长课堂系列必修课程六年级(下)主题课程

一、活动背景

家长经常抱怨："孩子到了青春期怎么变成这样了?"大多数青春期的孩子变得不愿意与家长沟通，家长们经常为此而感到失落。甚至还有部分家长向心理学家求助，他们向专家提问："孩子到了青春期就一定会变得叛逆吗? 如何应对孩子的叛逆?"大多数家长对于孩子青春期的到来感到焦虑和无奈，并且对于如何教育青春期的孩子感到迷茫。因此，家长了解青春期孩子的特点，并学会引导和教育青春期的孩子，显得尤为重要。

二、活动目标

(1)让家长正确认识孩子的青春期，并进行适当的青春期家庭教育。

(2)让家长及时转变自己的角色和认知，与孩子共成长。

(3)让家长学会与青春期孩子相处的正确方式，从而建立良好的亲子关系。

三、活动过程

本次智慧家长课堂的主题是"解读青春期叛逆，共做智慧型家长"。青春期是一个美好而多变的时期，能否顺利度过可能会影响孩子未来的人生走向。本次课程就让我们一起来揭开青春期的面纱，学习陪伴孩子的秘诀。许多家长都有以下的困惑：为何孩子越来越不愿意与我沟通了? 为什么到了青春期，孩子就像变了个人? 曾经的乖孩子怎么学会"顶嘴"了?

主持人播放了《小孩不笨 2》片段，通过这段视频，家长们更直观地感受到了青春期孩子的变化。

(一)解锁青春期的生理密码

家长要先解锁孩子青春期的生理密码，了解孩子在青春期可能会发生哪些变化。那么，什么是青春期呢？青春期是从儿童阶段向成人阶段过渡的重要时期，是人身心发展的重要时期。一般来说，女孩的青春期开始于 10～12 岁，男孩的青春期开始于 10～13 岁。我们可以把青春期的孩子视为顶着大人身体而不成熟的小孩。

青春期的孩子会经历身体发育和心理发展的双重变化，包括第二性征的出现和其他性发育、体格发育、认知能力的发展、人格的形成以及社会性的发展等。一般来说，女孩的青春期通常比男孩开始得早，结束得也早。此外，青春期的起始年龄和发育速度存在较大的个体差异，受遗传、营养、环境、心理等多方面因素影响。

有些家长担心孩子可能会早熟或晚熟。研究显示，中国部分城市女孩的月经初潮年龄提前至 11.5 岁左右，男孩的首次遗精年龄提前至 13.5 岁左右。女孩在 8 岁前、男孩在 9 岁前出现第二性征发育，可能属于早熟。女孩在 13 岁后、男孩在 14 岁后仍未出现第二性征发育，可能属于晚熟。随着生理的变化，孩子的心理也会发生一系列变化。

(二)青春期孩子的心理变化

青春期孩子的心理变化的特点如下。

1. 自我意识增强

人的一生中有两个自我意识显著增强的时期，一个是 2 周岁左右，表现为行为独立，孩子想要什么事情都自己干，不愿让大人代劳。另一个是青春期，表现为心理独立，孩子希望独立自主，渴望受到尊重，渴望和大人拥有平等的地位。因此，青春期的孩子常常表现为独立性需求日益强烈且反感成人的管束。

青春期的孩子有强烈的自尊感，开始慢慢喜欢以"大人"自居。然而，由于身体发育、性格和能力的发展不成熟，他们有时又会有点自卑。

青春期的孩子逐渐开始思考自我同一性的问题，例如，我是谁？我是怎样的？他们希望将自身的各个方面整合起来，形成一个清晰、统一的自我认知。

2. 思维发展迅速

青春期的孩子的思维更具批判性，但容易片面化。他们开始思考人生价值等抽象问题。因此，家长经常感到青春期的孩子思考问题挺有深度的，但看待问题时仍会片面或偏激。

3. 情绪两极化

青春期的孩子更加敏感细腻。由于身体激素水平的变化以及前额叶尚未发育成熟，青春期孩子的情绪容易起伏不定，变化比较快，可能一会儿高兴，一会儿又陷入低落。

4. 更看重同伴关系

对于青春期的孩子来说，同伴的影响力逐渐超过父母。青春期的孩子在心理上呈现出封闭性与开放性并存的特点，他们对成人（尤其是父母）表现出封闭性，父母会感觉孩子渐渐不爱与自己交流，因为他们希望脱离父母去探索世界。然而，他们更喜欢与同伴交往，觉得与同伴交往更自在，更能自由地表达自己的想法。所以，如果孩子变得不那么爱与家长说话，这是正常的现象；但是如果孩子和家长彻底没有沟通了，那就要看看是不是亲子关系出现问题了。

5. 性意识萌动

青春期也是性发育和性成熟的关键时期，因此孩子开始对性产生很多思考和困扰，比如孩子会对异性产生好奇并体验爱情，但往往不善于处理这些感情。

（三）家长如何升级

青春期的孩子在身体和心理上都发生了剧变，他们已经不再是原来的"孩子"了。如果家长仍然停留在原来的"父母"角色中，就无法搭上孩子青春期的列车，可能会在孩子成长中逐渐失去话语权。如今的孩子已经不一样了,家长也需要升级了。那么,该如何升级?升级主要应从家长角色、教育方式、教育思路上进行转变。

1.家长角色升级:教练变顾问

什么是教练?教练就是手把手、事无巨细地教人如何做事情,而顾问则是在关键时刻提供解答,需要时才会出现。如果家长没有完成从"教练"到"顾问"的转变,孩子就可能失去成长的机会,或者总是与家长对抗。因此,家长要学会转变思路,把生活的主动权逐渐地交给孩子,让孩子从"要我做什么"变成"我要做什么"。家长要给孩子主动试错的机会,因为有些弯路必须自己走,在孩子需要时及时出现,不需要时则暗中默默观察。家长为什么要从"教练"升级到"顾问"?心理学理论告诉我们,亲子关系是一个从亲密逐渐走向分离的过程,青春期是"心理的断乳期"。正如《明朝那些事儿》中所说:"在这个世界上,所有的爱都为了相聚,只有母爱,是为了分离。"

2.教育方式升级:说教变引导

在探讨教育方式升级之前,我们首先学习两个心理学效应。

第一个是"超限效应"。美国作家、演说家马克·吐温曾听一位牧师演讲,最初,他感觉牧师讲得好,打算捐款;10分钟后,牧师仍在讲,他感到不耐烦了,决定只捐些零钱;又过了10分钟,牧师还没有讲完,他决定不捐了。当牧师结束演讲开始募捐时,过于气愤的马克·吐温不仅分文未捐,还从盘子里偷了2元钱。这种因刺激过多而引发逆反心理的现象,被称为"超限效应"。

第二个是"南风效应",法国作家拉封丹曾写过一则寓言,讲的是北风和南风比威力,看谁能把行人身上的大衣脱掉。北风猛烈地吹,顿时寒冷刺骨,行人为了抵御北风的侵袭便把大衣裹得更紧了。南风则徐徐吹动,顿时风和日丽,行人觉得很暖和,便主动解开纽扣,脱掉大衣。结果很明显,南风获得了胜利。拉封丹的这则寓言后来成为社会心理学中的"南风效应",也被称为"南风法则"或"温暖法则"。

这两个效应带来了什么启示呢?说教和唠叨容易引起反感,不恰当的方式只会激起人的防御心理。因此,家长找到与孩子相处的合适方式非常重要。这也告诉家长在教育孩子时,应尽量避免说教,特别是重复的说教,而应以朋友般的姿态进行引导。

在教育的过程中,孩子难免会出现很多问题。如果家长总是盯着问题不放,孩子会感到压力很大,觉得自己不被认可,同时,家长也会陷入焦虑中。"积极赋义"是家庭治疗中的重要技术,是指从积极的角度重新描述当前的困境,放弃挑剔和指责的态度,进而以一种新的视角看待问题。比如,孩子叛逆了,家长可以理解为他有了自己的想法和判断;孩子早恋了,家长可以理解为孩子对爱情有了思考;孩子厌学了,家长可以理解为孩子在质疑和探索学习的意义。当家长以这样的方式思考时,心中就会多了一份轻松,也更有勇气与孩子一起面对问题,并帮助孩子完成成长与蜕变。

(四)与青春期孩子的相处之道

家长在教育孩子时,具体应该如何做呢?下面让我们一起来探索"与青春期孩子的相处之道",希望能帮助家长学会和孩子轻松相处。

1. 满足成长需求

青春期的孩子逐渐长大了,他们的需求也随之改变。家长应该尝试着满足孩子成长的需求,才能使孩子朝着积极的方向发展。那么,青春期的孩子有哪些需求呢?①受到成人尊重的需求。孩子时常会说:"我长大了,别总是把我当小孩看。"②与成人平等对话的需求。家长要把"你必须""你应该"这些话转变为"你可以""这样可以吗"。③需要有适当的心理空间。家长不能随意进入孩子的房间或翻看他们的日记、聊天记录,这些行为容易引起孩子的反感。④想要独立自主。青春期的孩子希望自己可以尝试很多事情,不愿被大人"指手画脚",家长应提供一些让孩子独立尝试的机会。

《教室里的正面管教》一书中提到,如果孩子没有机会以建设性的方式运用个人力量,他们就会以破坏性的方式运用它。因此,家长应满足孩子的成长需求,他们就会朝着建设性的方向成长;如果孩子的成长需求没有得到满足,孩子就可能走向破坏性的方向。

2. 改善沟通方式

了解孩子是沟通的前提,如果家长不了解孩子,那么沟通就只是家长的"一厢情愿",就更谈不上有效果了。

这次课堂开始之前,主持人让家长们填写了一份"家长知多少"的调查问卷。调查问卷包括以下内容:①写出孩子的五个优点。②写出孩子的五个缺点。③孩子最喜欢吃的食物是什么?④孩子平时喜欢做的事情是什么?⑤孩子最喜欢的学科是什么?⑥孩子最好的朋友的名字叫什么?⑦孩子最喜欢的偶像是谁?⑧孩子的梦想是什么?填完后,主持人邀请现场的家长分享以下的问题:①您能填上几个?②您在填写的过程中有什么感受和想法?③填写孩子缺点和优点的所用时间有没有差异?

在日常的生活中,家长应多观察和关心孩子,了解孩子学习以外的其他方面。当孩子感到被理解和关注时,与父母沟通的意愿才会更加强烈。

(1)丰富沟通内容,建立情感连接。

父母最关注孩子的学习,而孩子希望父母关注自己的兴趣爱好、特长以及心理健康。这种关注错位会导致父母与孩子沟通不畅。如果父母只盯着孩子的学习并且只和孩子聊学习,孩子自然不愿意多聊。家长可以多和孩子聊聊兴趣爱好、学校生活及孩子跟朋友之间相处的一些趣事,这样家长和孩子可以建立更深的情感连接,以后无论聊什么话题,孩子也更愿意与家长交流。

(2)讲究沟通方式,多倾听孩子少唠叨。

下面我们来看一个日常生活中的情境。

如果孩子回家抱怨:"我不喜欢上数学课,也不喜欢数学老师。当我做错的时候,他骂我骂得特别凶,可当我做得好的时候,他又看不见,只表扬我同桌。"这时候家长应该如何回应呢?

先看一个家长的错误回应。家长说:"老师骂你也是为你好,有时候你做得好,老师没有及时表扬你,也是不想让你骄傲,你不喜欢数学老师可不行,一个学生不喜欢老师怎么可能学得好!"这样的回应可能会引起孩子的抵触和反感,孩子会觉得家长并不理解他。那么,这样的沟通存在哪些问题呢？①家长与老师"站在一起"，而不是与孩子"站在一起"。孩子会认为家长在帮老师说话，而没有理解他的感受。②未通情，先说理。当孩子有情绪时，家长直接讲道理是不合适的。

那么，家长正确的回应应该是怎样的呢？正确的回应主要分为以下三个步骤。①先倾听。当孩子诉说时，家长要耐心地倾听，并给予一些简单的回应，比如，"哦哦""嗯""原来是这样"。②再共情。当孩子在诉说过程中出现情绪激动或低落时，家长可以给予共情，表示对孩子问题或者处境的理解，家长可以这样说："数学老师这样对你，你感觉很不公平，是吗？你觉得数学老师更看重你同桌，不够在意你，是吗？③后引导。当孩子的情绪逐渐平复时，家长可以引导孩子思考问题的解决办法，家长可以这样说："那你打算怎么办呢？"等孩子提出解决方案后，家长可以为孩子提供一些建议。值得注意的是，家长应让孩子自己想办法解决问题，因为没有人比他更了解自己的处境。家长只有给孩子独立解决问题的机会，孩子才会有解决问题的技能和对人生负责的责任感。

（3）改善沟通技巧，让沟通更有效。

当家长对孩子的行为不满时，除了抱怨，指责、嫌弃，还可以怎么做呢？举个例子，假如孩子在房间玩游戏，家长多次让孩子出来吃饭，孩子却没有反应。该怎么沟通？有的家长会这么说："你每次都是这样，喊那么多遍都没有回应，耳朵聋了吗？打游戏就能不饿吗？"这种说话方式表达的是指责、埋怨、不满，沟通效果甚微。还有的家长这样说："我和你说了很多遍我们该吃饭了，你都没有理我，而且很多次都是这样了，我感到很气愤，我需要你能及时回答我。"这种说话方式表达的是事实、感受以及需求，有助于促进良好沟通。因此，家长要学会后者这样的表达方式。

青春期的孩子自尊心很强，很渴望得到别人的肯定与鼓励。那么，家长又应该如何恰当地鼓励他们，让他们越来越自信呢？家长可以用"描述性语言"鼓励孩子，多描述孩子做得好的细节。家长可以这样说："你的解题过程很完整，书写也很工整。"家长也可以用"感谢语言"鼓励孩子，感谢孩子为家长做的事情。家长可以这样说："谢谢你帮我整理房间，这让我轻松了很多。"孩子帮家长做事时有可能会搞砸,那也没有关系,家长要呵护孩子的心意,注重事情的过程,而非结果。家长可以用"赋能性语言"来鼓励孩子的好品质,或者在孩子遇到困难时帮助他们树立信心,家长可以这么说:"我相信你可以把这件事情做好,因为你一直都很努力。"

3. 提供成长机会

美国心理学家埃里克森认为,青春期的孩子最重要的发展任务就是建立自我同一性,即他们对自己的目标、价值观、信念有清晰、稳定的认识。我是谁?我想成为一个怎么样的人?我将来要做什么?这些问题正是青春期孩子探索的核心。为了帮助孩子建立"自我同一性",家长需要给予他们充分的选择和探索机会。这意味着家长要适应"顾问"的角色,学会适时放手。

此外,家长应该让孩子更多地参与家庭大事的决策,以提高他们的思考能力和责任意识。家长千万不要对孩子说:"你只要好好学习,其他的什么都不用管。"搬家、买房、装修、照顾家人、计划出行等事项,家长都可以询问孩子的意见,让他们感受到自己在家庭中的重要性。

4. 提高自身修养

家长需要具备与孩子共同成长的意识,具体可以从以下 3 个方面入手。①家长要了解孩子青春期的特点,与孩子共成长;②家长要以平等的心态与孩子沟通。③家长要学会调节自己的情绪,教育孩子时要情绪平稳,这样教育才有意义。

(五)一些常见的青春期问题及处理方法

1. 青春期恋爱

许多人将青春期恋爱称为早恋,但学者们更倾向于使用青春期恋爱这一表述。处理这一问题的原则是宜疏不宜堵。

针对青春期恋爱问题,专家为家长提供了如下处理方法。①家长应理解孩子的感受,认识到青春期孩子对异性产生爱慕是一种正常现象。②家长可以与孩子探讨什么是爱情,引导孩子思考什么才是好的爱情(如为对方的长远考虑、能够承担责任)以及何时迎接爱情最合适,并分析现阶段谈恋爱可能带来的影响。③家长可以适当表露自己的爱情观和婚姻观,正向引导孩子的爱情观,减少孩子对爱情的好奇感。④家长要帮助孩子树立自我保护意识与底线意识。

2.厌学

针对厌学问题,专家为家长提供了如下处理方法。①家长需要了解孩子厌学的原因以及在学习上存在的具体困难。②家长要改善教养方式,停止给孩子施加压力,给孩子更多的理解与关心。③家长要经常与孩子探讨学习、梦想等话题,以激发孩子的学习动机,帮助孩子找到学习的意义。④家长要帮助孩子利用自身资源来应对厌学,比如,家长可以帮助孩子回顾过往成功的学习体验,以激发他们的学习兴趣。⑤家长也可以寻求学校心理老师或专业机构的协助。

3.网络成瘾

针对网络成瘾问题,专家为家长提供了如下处理方法。①家长要了解孩子网络成瘾的原因,分析孩子的心理需求在现实中是否得到了满足。②家长可以通过活动增进亲子关系,帮助孩子在现实中获得成就感。③家长应与孩子商定手机使用的规则并严格执行。④家长要鼓励孩子多参加户外运动,多去外面走走,以增加孩子与自然的连接。⑤家长要强化孩子在现实生活中的成就感。当孩子取得进步时,家长要及时给予肯定。⑥必要时,家长可以寻求学校心理老师以及专业机构的帮助。

最后,主持人和家长们一起朗诵了纪伯伦的诗——《你的孩子,其实不是你的孩子》。这首诗让家长找到了教育孩子的灵感。教育青春期的孩子或许并不容易,家长可能会因为孩子不愿沟通而感到失落与担忧,可能会因为权威被挑战而感到不适与暴怒,也可能会因为逐渐放手而感到不舍。然而,这些都是为人父母的挑战与成长。家长要调试好自己的心态,带着与孩子共同成长的决心,助力孩子完成从儿童到成人的美好蜕变!

这次主题课程到此结束。陪伴式成长,让我们和孩子一起遇见更好的自己!

教育研究篇

校长在教育教学研究中扮演着至关重要的角色。校长应成为教育教学研究的引领者和示范者。校长通过亲自参与教育教学研究，能够深入了解教学一线的实际情况，把握教育教学的最新动态，从而为学校的教育教学改革提供有力的支持。同时，校长的示范作用能够激发教师参与教育教学研究的热情和积极性。

校长在组织和管理教育教学研究方面发挥着关键作用。校长应建立科学的校本教研制度，制订适应新课程要求的教研计划，以及营造良好的教研氛围。校长应积极倡导教师之间相互学习、共同切磋，通过组织教学观摩、教学研讨、教学反思等多种形式的教研活动，推动教师的专业成长。

校长的教育科研价值引领力和实践指导力是提升学校教育教学质量的重要保障。校长应全面、准确地理解教育科研对学校发展的重要作用，树立正确的教育科研价值观。在实际工作中，校长要克服形式化、功利化、行政化思维，通过精准分析和提炼，为学校教育科研发展找到切实可行的奋斗目标。同时，校长还应具备扎实的项目实施能力，能够指导学校选择合适的科研项目，完善课题研究方案和实施计划，并及时解决研究中出现的问题。

校长在机制保障和队伍建设方面也发挥着重要作用。校长应建立科学规范的科研管理制度，确保其既符合上级政策要求，又符合学校实际情况，同时充分征求教师的意见，激发教师的科研热情。此外，校长还应重视科研队伍的建设，通过培养教研组长和科研核心团队，提升学校的整体科研水平。

综上，校长在教育教学研究中发挥着举足轻重的作用。通过引领与示范、组织与管理、价值引领与实践指导以及机制保障与队伍建设等方面的努力，校长能够推动学校的教育教学改革不断深入发展。

小学生口语表达能力培养的研究报告

　　小学阶段是学生口语表达能力发展的关键期。从一年级开始,教师和家长要引导学生使用完整句式进行表达,为提升其口语表达能力打下坚实的基础。培养学生的口语表达能力,不仅有助于提高学生的观察能力、思维能力和语言表达能力,更能全面提升语文综合素养。同时,《义务教育语文课程标准(2022年版)》明确指出:"学生具有日常口语交际的基本能力,学会倾听、表达与交流,初步学会运用口头语言文明地进行人际沟通和社会交往。"临沂银城小学的学生来自农村,学生普遍存在表达不规范、语句不完整及方言使用频繁现象,教师对口语交际课程重视程度不足,因此,学生的口语表达能力得不到提升。基于教育使命与课标要求的双重驱动,2007年9月,临沂银城小学课题组申请了"小学生的口语表达能力培养"这个研究课题,经过多年研究,已取得阶段性成果,现就研究历程总结如下。

一、课题研究过程

　　为了培养学生的口语表达能力,老师们坚持以学生为主,开发他们的潜能,并尊重学生的个性发展;以课堂教学为突破口,积极探索口语交际教学的新模式;以多种形式的活动为载体,培养学生良好的口语交际习惯,进而提高学生的口语表达能力;采用科学合理的评价机制,促进学生口语表达能力的提高;利用丰富的课外资源,积极营造有利于口语表达能力培养的环境。在这种研究思路的指引下,课题组的老师们探索与研究了以下几个方面。

(一)以课堂为突破口,积极探索教学的新模式

1. 上好口语交际课

为了提高学生的口语表达能力,老师们高度重视口语交际课,充分利用课堂培养学生良好的口语表达习惯。为此,语文老师认真梳理了语文教材中的 87 个口语交际训练话题,并精心设计了相应的教案,然后组织学生进行话题调查或讨论。在口语交际课堂上,老师们积极创设情境,鼓励学生勇于发言。经过不懈努力,学校的口语交际课慢慢步入正轨。

在研究初期,语文老师将口语交际课视为训练学生口语表达能力的有效途径,但当时的课堂教学仍主要依赖老师的个性发挥,尚未形成口语交际教学的基本流程。因此,课题研究尚不成熟,结题工作就推迟了。随后,老师们进行了更深入的探索,并结合《小学语文教学基本策略》一书以及学校的实际,确定了口语教学的基本流程:情景体验、明确话题;尝试表达、探究方法;围绕话题、充分交流;拓展运用、提升能力。

(1)情景体验、明确话题。语文教材中的 87 个口语交际训练话题有的与教材内容紧密相连,有的与学生的生活息息相关,都可以很好地提高学生的口语表达能力。在课堂上,老师会根据话题创设相关的教学情境,这些情境不仅要符合学生的认知特点,还要兼具趣味性、生活性和实效性。在情景体验中,学生能够清晰地了解本次的口语交际话题,并自由地抒发自己的感受和想法。教师应鼓励学生大胆表达,让他们在实践中锻炼口语表达能力。

(2)尝试表达、探究方法。当师生共同进入某一话题后,教师应积极鼓励学生就该话题发表自己的看法。在此过程中,教师需细致观察学生的表达方式,并就语气、语调、体态、表述内容的完整性及表达的流畅性等方面给予具体的指导。针对本次话题,教师和学生共同总结口语交际中的有效方法和注意事项,为学生后续的互动交流打下坚实基础。

(3)围绕话题、充分交流。教师需要围绕既定话题精心设计各种各样的活动,并创设具体的情境以促进学生的互动交流。在交流过程中,教师应密

切关注学生的表现,及时提出针对性的建议,同时鼓励学生保持专注,认真倾听同伴的发言并对他人的表现给予及时、恰当的评价。通过不断的表达实践与相互评价,学生的口语表达能力在这一过程中得到了显著提升。

(4)拓展运用、提升能力。在学生围绕话题充分表达之后,教师应巧妙地将话题与教材内容或现实生活联系起来,甚至可以与写作、阅读相结合进行训练。在具体的实践运用中,教师要通过多种方式提高学生的口语表达能力。

课题组成员根据教学流程,分工合作,精心整理了一至六年级的口语交际教案。这样既可以方便各年级教师使用,也为口语交际课程的设计提供了参考。老师们可以灵活调整这些教案以适应各自班级的具体情况,大大方便了老师的教学。老师们利用口语交际课的基本流程使课堂教学越来越规范。学生的口语表达能力也在一次又一次的"唇枪舌剑"中得到了显著的提升。

2.积极开发并利用教材资源进行口语交际训练

在语文课堂中,积极开发并利用教材资源进行口语交际训练是一项至关重要的教学策略。这种教学方式不仅充分利用了现有教材,还为学生提供了多样化的口语训练途径。

首先,语文课本中大量的插图为低年级学生提供了直观形象的口语训练素材。教师可以让低年级学生看图说话,把他看到的、想到的按一定顺序说出来,这对于他们来说就是很好的口语训练方式。

其次,教材中的课文有时会出现内容省略、设有悬念或引人思考的地方,教师可以引导学生进行课文内容的补白,从而培养他们的想象力和创造力,并提升他们的口语表达能力。这种训练方式既加深了学生对课文内容的理解,又锻炼了他们的思维能力和口语表达能力。

再次,朗读是口语表达的基础,朗读也是学生提升口语表达能力的重要途径。通过分角色朗读、表演朗读等各种形式的朗读,学生可以积累语言,感受语言蕴含的情感,并通过语调、语气的变化和体态语言来表达自己的理解。同时,通过生生、师生之间的朗读评价交流,学生可以不断提高自己的朗读能力,进而提升口语表达能力。

总之,教师要善于利用教材资源,合理开发教材,为口语交际训练创造更广阔的空间。教师通过多样化的训练方式,激发学生的口语表达兴趣,增强他们的口语表达能力,为他们的全面发展奠定坚实的基础。

(二)以丰富多彩的活动为载体,培养学生良好的口语交际习惯,提高学生的口语表达能力

1.开展课前演讲活动

教师根据学生的知识水平差异,在各年级开展了形式多样的课前演讲活动。比如,教师鼓励低年级学生朗读自己喜欢的故事或笑话,以此激发他们的阅读兴趣和口语表达欲望;教师让中年级学生上台讲一个幽默故事或脑筋急转弯,这不仅锻炼了学生的语言表达能力,还培养了他们的幽默感和思维灵活性;教师组织高年级学生针对某一话题进行简短的演讲,充分利用课前两分钟的时间,让学生在实践中锻炼口语表达和逻辑思维能力。

鉴于学校学生口语表达能力相对薄弱的现状,在研究初期,教师采取了让学生朗读的方式,以降低难度,帮助他们树立信心。经过两个学期的持续训练,学生逐渐适应了这种形式,教师便开始引导学生脱稿演讲。虽然难度有所增加,但这也为学生提供了更多自由发挥的空间,使他们的口语表达能力在实践中得到了逐步提升。

2.组织各种各样的比赛活动

学校举办了一系列丰富多彩的活动,包括讲故事比赛、演讲比赛、诵读比赛、读书小明星评选、优秀解说员评选等。这些活动调动了学生的积极性,为学生提供了展示自我的机会,锻炼了学生的胆量并全面提升了学生各方面的能力。学校结合独特的校园文化,针对孔子文化广场培养了一批小小解说员。学校的解说员老师对学生们进行了专业指导,为他们提供了具体的内容框架,并鼓励学生在此基础上进行个性化的加工和创造,以展现自己的风格和特色。虽然这些小小解说员的解说水平和仪表姿态还有待进一步提高和完善,但已经迈出了坚实的第一步。

通过这一系列的活动,学生的口语表达能力也得到了显著提升。每一次的尝试和努力,都是他们成长道路上的宝贵财富。

3.家校联合,共创口语表达的平台

老师们精心设计了一系列的口语表达家庭作业,让学生在家庭环境中进行口语交际训练。例如,老师要求学生将当天学习的课文回家讲给爷爷奶奶听,这不仅能加深他们对课文内容的理解,还能锻炼口语表达能力;老师还可以要求学生向父母分享学校中的见闻;老师还可以引导学生在母亲节或父亲节时向父母表达问候和祝福。这样的作业不仅增强了家庭成员之间的情感交流,还让学生在实践中学会了如何恰当地运用口语表达情感。

4.班级成立文学社,积极组织各种读书活动

写作能力是学生口语表达能力的深化和拓展。为了全面提升学生的语言表达能力,教师巧妙地设计了多种实践活动,让学生在实践中不断练笔,从而有效提高他们的口语表达能力。对于低年级学生,教师组织了"俊字接龙""诗情画意"等富有创意的社刊活动;对于中、高年级学生,教师引导他们以"读书小报""读书手抄报""读书体会"为内容,创造性地完成了班级文学社的社刊。学生们在参与活动的过程中初尝了当小作家的味道,体验了写作带来的成就感和快乐。

(三)以科学的评价,促进学生口语表达能力的提高

(1)学校采用了"多一把尺子评价学生"的策略,摒弃了以往仅凭一张试卷定高低的传统评价方式。为了更全面地评估学生的语文素养,学校增加了"课文片段朗读""经典诵读""读书交流"等考查内容,如表2、表3、表4所示,加大了对学生听说读等口语技能的考评。全员参与这三方面的考查,并将考查结果计入学生的期末成绩。然而,在实施初期,学校对学生的口语交际能力估计过高。学校根据学期初规定的必读书目确定了口语交际训练话题。学生对必读书目的内容掌握不够熟练,导致在交流时表述困难,影响了口语交际训练的效果。后来,经过课题组的讨论,学校作出了相应的调整,

重点强化了"课文片段朗读"和"经典诵读"这两个环节,降低了"读书交流"环节的难度。通过让学生先讲述自己喜欢的一个故事或一个人物,逐步培养他们的口语表达能力,然后再慢慢过渡到给出具体话题,让学生围绕话题进行表述。这样的调整既考虑了学生的实际水平,又为他们提供了逐步提升的空间。

表2　口语交际考查明细一览表

项目	内容	标准	分值
读书交流	阅读量	是否按要求完成	5分
	能简单讲述书中一个故事的大体内容,并能和考查老师进行交流	①叙述情节完整、要素齐全、条理清晰。②语句通顺,句子结构完整,句子较多,表达较为流畅。③态度自然大方,能吸引听众,有感染力,能和考查老师进行交流	15分
课文片段朗读	随机抽取学生朗读教材中的文章片段	要求朗读正确、流利、有感情,声音响亮、清晰	10分
经典诵读	地方课程教材中诵读的内容	要求声音响亮、清晰,背诵熟练	10分

表3　临沂银城小学"读书交流"打分表

班级:　　　　　　考查人:　　　　　　时间:

考查标准	①阅读量是否按要求完成。②叙述情节完整、要素齐全、条理清晰。③语句通顺,句子结构完整,句子较多,表达较为流畅。④态度自然大方,能吸引听众,有感染力,能和考查老师进行交流	
学生姓名	得分(20分)	扣分说明

表 4　临沂银城小学"课文片段朗读"打分表

班级：　　　　　　考查人：　　　　　　时间：

考查标准	随机抽取学生朗读课文片段,根据学生的朗读水平打分,要求朗读正确、流利、有感情,声音响亮、清晰	
学生姓名	得分(10 分)	扣分说明

（2）课题组建立了学生口语表达能力的评价体系,并坚持在每学期末对学生的能力进行考查。这种评价方式极大地提高了学生的综合素质,得到了广大教师和家长的高度认可。课题组将实验班与非实验班的口语交际考查成绩进行了对比,如表 5 所示。

表 5　临沂银城小学实验班和非实验班的口语交际考查成绩表

考查时间:2023 年 1 月

年级	经典背诵(分)	阅读交流(分)	短文片段(分)	合计(分)
一年级一班	**10**	**19.68**	**9.12**	**38.8**
一年级二班	7.93	18.1	9.03	35.06
二年级三班	**10**	**19.58**	**9.2**	**38.78**
二年级四班	9.78	18.5	9.01	37.29
三年级一班	**9.81**	**19.49**	**9.14**	**38.44**
三年级四班	9.15	19.37	9.19	37.71
四年级三班	**9.83**	**19.58**	**9.21**	**38.62**
四年级一班	9.4	16.31	8.98	34.69
五年级一班	**9.58**	**19.5**	**9.15**	**38.23**
五年级三班	8.83	18.98	9.39	37.2
六年级三班	**10**	**19.53**	**9.28**	**38.81**
六年级一班	9.8	19.55	9.17	38.52

注:粗体代表实验班的成绩。

通过实验班和非实验班各项数据的对比，可以发现，在老师们的努力下，实验班学生的口语表达能力有了显著提升。

(四)以丰富的课外资源，积极营造口语表达的环境

口语交际是一种即时性很强的活动，它要求学生有丰富的知识储备和较好的文化素养，这样才能在具体的对话中灵活应对。老师们也要注意引导学生多积累课外知识。

(1)增加课外阅读量。自课题立项以来，老师们就坚持让学生每学期读一本课外书，并适时地开展阅读交流活动。因此，学生们阅读了大量的书籍，比如，《安徒生童话》《木偶奇遇记》《一年级的小多多》《青铜葵花》《野风车》《五三班的坏小子》《今天我是升旗手》《笑猫日记》《昆虫记》《小布头奇遇记》。此外，教师还鼓励学生到图书室借阅书籍，增加自己的阅读量。丰富知识储备是学生提高口语表达能力的有效途径。

(2)加大古诗词积累的力度。每学期开始，学校都会规定背诵一定量的经典古诗词。到目前为止，各年级学生都收获了可喜的成果。

二、课题研究成果

(1)学生养成了良好的口语表达习惯，他们的口语表达能力得到了全面提高。经过近几年的训练，普通话已成为校园里的主流语言，方言的使用显著减少。对于一些性格内向的学生来说，他们敢于尝试表达，这本身就是一种很大的进步。此外，部分学生还积极参加了临沂市罗庄区组织的语文素养比赛活动，如一年级讲故事比赛、二年级诵读比赛、三年级写字比赛、四年级现场作文比赛、五年级演讲比赛、六年级综合素养测试，并在这些比赛中取得了优异成绩。同时，还有几名学生在读书节表彰活动中荣获了"读书小明星"的称号。

(2)课堂气氛变得更加活跃了，学生敢于表达自己的想法了，课堂不再是教师独自表演的舞台，也成了学生展示自我的平台。有些学生在课堂上发言："我认为……"他们敢于发表自己的观点；还有的孩子会说："我觉得他说得不够完整……"他们也敢于补充别人的发言；特别是在口语交际课上，激烈的讨论使课堂达到了意想不到的效果。

（3）课题研究也极大地促进了教师的专业发展。它转变了教师的教学观念，教师更清醒地认识到口语交际能力对学生的重要性。口语表达能力直接影响学生的语文素质的发展，甚至影响学生一生的发展。此外，课题研究还提高了老师的科研水平，老师们撰写的与研究课题相关的多篇文章获得了广泛好评，并在不同级别的论文评比中取得了优异的成绩。

（4）学校文学社出版了若干期社刊，虽然内容不够充实，形式也比较单调，但一点一滴都见证了学生的成长。这些社刊激发了学生的写作兴趣，并在家长中获得了广泛好评。

（5）学校为庆祝端午节准备的《屈子颂》在全区"庆端午·忆屈原"经典诵读活动中获得一等奖，并在临沂电视台展播。高年级语文组排练的《少年中国说》大型诵读节目，不仅参加了罗庄区读书节开幕式的表演，还被推荐到临沂市参加演出。学生们自信、流利的表达充分展现了老师们在培养学生口语表达能力方面所花的心血和汗水。

三、今后的优化探索

(一)思考

（1）在研究过程中，学校虽然注重了学生整体口语表达能力的培养，但这一培养过程的阶段性和层次性尚不够清晰。因此，学校还需要继续思考和研究，以确保学生在不同学习阶段都能获得适合其能力水平的训练。

（2）口语表达能力的培养是一个长期且渐进的过程，这项工作只有坚持做下去，才能为学生的终身发展奠定基础。

(二)建议

（1）为了更好地运用课题研究成果，建议在学校内有组织地推广这些成果。通过实践应用，教师要及时发现存在的问题和不足，以便进一步完善和优化。

（2）为了确保课题研究的深入性和持久性，学校可以积极争取教育部门的政策支持,为课题研究的顺利开展提供必要的保障。

口语表达能力的培养是一项长期而艰巨的任务,全面提高学生的口语表达能力并非一朝一夕之功。首先,教师要具备培养学生口语表达能力的意识,将这一理念贯穿于整个教育教学过程中。其次,教师要充分利用教材资源,创造性地开展口语交际课,通过多样化的教学活动和形式,全面提高学生的语文素养。

学生口语表达能力的培养任重而道远,课题组将会一如既往地进行研究,将已获得的经验与课改新理念、新要求相结合,不断探索、研究、扬长避短。相信通过持续的努力和不懈的追求,我们的研究终将取得丰硕的成果。

小学生学习习惯的培养

叶圣陶先生指出："教育是什么？往简单里说，只需一句话，就是养成良好的习惯。"培养学生良好的语文学习习惯不仅是学习化社会和终身教育的必然要求，也是近年来语文教学大纲和课程标准明确提出的教学目标。语文是最重要的交际工具和信息载体，是人类文化的重要组成部分，它具有很强的社会性、实践性和动态性。因此，语文学习和教学必须重视和加强积累、感悟、熏陶和培养语感，以促使学生养成良好的语文学习习惯。这种习惯的培养，能够直接提升学生的语文素养。于漪老师指出："学生语文素养的水平直接影响其他学科知识的理解与运用的程度，国家整体语文教学质量影响着一代甚至几代人的文化素质水平。"作为基础教育的基础学科和其他学科引路课的语文，其教学更应重视良好的语文学习习惯的培养。

习惯是什么呢？按照《现代汉语词典》的权威解释，习惯是在长时期里逐渐养成的、一时不容易改变的行为、趋向或社会风尚。良好的习惯是健康人生的基础。培养学生良好的学习习惯是《义务教育语文课程标准（2022年版）》提出的教学目标之一，是素质教育的一项重要内容，也是语文教育的重要组成部分。习惯的力量是巨大的，它对学生的综合素养提升有着至关重要的作用。良好的学习习惯不仅有助于学生当前的学习，更对其日后的学习和工作产生深远影响。

众所周知，良好的学习习惯有利于学习有条不紊地进行，有利于知识的习得，也有助于学生学习独立性的养成。那么，小学语文教师如何在教学中有效培养学生的良好语文学习习惯呢？

一、课前预习习惯的培养

自觉、主动的预习习惯是学习的原动力。只有让学生主动开发自身潜力,才会使他们将学习变成一种自觉行为。习惯有好的习惯,也有坏的习惯。好习惯一旦养成,让人受益终身;而坏习惯一旦形成,则可能让人一辈子吃亏,且难以改正。

在学习新课文之前,学生应先感知课文,了解课文大意,然后再带着感情朗读课文。在学生朗读课文的过程中,教师应培养学生一边读一边做标记的习惯,以便他们能够更好地解决阅读提示中的问题。之后,教师可以将学生分成若干小组,让他们讨论问题,使他们在轻松愉快的氛围中理解课文。最后,教师可以组织各小组进行朗读比赛。通过朗读,进一步加深学生对课文的理解。这样,学生所学的知识就不再是教师直接传授的,而是他们通过自主学习获得的,教师只是在学生不理解的地方给予点拨。如果学生每天都能养成提前预习的习惯,那么他们在今后的阅读中就能更好地解决实际问题。这样的好习惯将让他们受益无穷。

语文老师在指导学生预习一篇新课文时,应先引导学生思考想从这篇课文中了解什么。例如,在学习《田忌赛马》一文时,有的学生想知道田忌是怎样赛马的,有的学生想知道田忌和谁赛马,还有的学生想知道他们赛了几场、比赛规则是什么、比赛结果是什么,等等。学生通过看、想、说、问的方式将自己带入课文情境,为了尽快掌握故事的来龙去脉,学生聚精会神地学习,从而取得较好的学习效果。

语文老师还可以让学生在预习后给老师设置作业题(要求学生自己要有答案),看看谁的作业题能难倒老师。为了难倒老师,学生在预习时会非常用心,这样他们就能清楚地知道自己哪里有疑问。这种自觉、主动的预习习惯并非一朝一夕就能养成的,需要教师及时督促、激励和引导,否则就可能流于形式。若将预习与复习相互配合、相辅相成,那么教学效果将会更加理想。

二、认真倾听习惯的培养

课堂是提升学生能力的主阵地,教师要充分利用这块沃土,让学生学到比知识更为宝贵的东西。其中,学会倾听是需重点培养的一种核心能力。

在充满活力的课堂上，学会倾听是一种重要的学习技能，也是个人综合素养的重要体现。学生只有在课堂上认真倾听老师的讲话和同学的发言，才能有效地融入教学活动，从而获取知识。

三、使用工具书习惯的培养

工具书是读书、写作和寻求新知不可或缺的工具。叶圣陶先生认为，一个人应将字典、词典等工具书视为"终身伴侣"。遗憾的是，现在许多学生往往因怕麻烦而从不主动使用工具书。在教学中，语文老师应要求学生在遇到不会写的字、不懂的词时，不要直接询问同学，要自己动手查字典来解决。在课堂上，当遇到不认识的词语时，语文老师可以带头和同学一起查字典，并比赛看谁查得更快。学生通过查阅工具书，解决阅读中的疑难问题，这无疑是主动求知精神的生动体现。

四、动笔习惯的培养

"不动笔墨不读书""好记性不如烂笔头"，这些古训强调了勤于动笔的重要性。无论是课内学习还是课外阅读，无论是听课还是自学，我们都应勤于动笔。教师还要善于引导学生观察学校、社会和家庭生活，有目的地组织学生开展一些课外活动，让学生在实践中汲取知识和写作素材。只要学生觉得有必要记录，就可以随时动笔。这样，学生每天都能练习写作，写作能力自然会提高。

语文老师要严格要求学生做到"不动笔墨不读书"。学生通过读书积累大量的词汇、语言素材，在写作文时就能信手拈来。在训练写作的过程中，教师要尽量放手，不限体裁、字数、时间，让学生爱写什么就写什么，爱怎么写就怎么写。这样的写作方式充分展示了学生的个性，让他们的想象力得以充分发挥。通过这样的训练，学生逐渐养成了勤于动笔的习惯，锻炼了语言表达能力，也有效提升了语文综合素养。

五、积累习惯的培养

《义务教育语文课程标准（2022年版）》明确指出："语文教学要注重语言

的感悟、积累和运用,注重基本技能的训练,从整体上提高学生的语文素养。"其中,养成良好的积累习惯是培养学生良好语文学习习惯的关键一环。许多学生在写作文时感到头痛,难以构思出佳作,根源在于他们缺乏足够的语言与文字积累。

积累可以从语言积累和文字积累两方面着手。《义务教育语文课程标准(2022年版)》要求学生背诵的优秀诗文不少于150篇,另外还推荐了80首古诗,这些都可以作为语言积累的材料。文字积累的方式更是多种多样,教师可以鼓励学生在学习过程中,一旦遇到精彩的词汇、优美的句子,就立即摘录在专用的笔记本上。此外,教师还可以引导学生采用剪贴法来收集相关资料,并定期组织学生交流心得体会,相互补充,共同进步。

培养学生良好的积累习惯,有利于丰富学生的语文知识,加深他们的文化底蕴。这样,学生在写作时能够得心应手,创作出优秀的作品。

六、勤于思考习惯的培养

爱因斯坦曾经说过:"从某种意义上来讲,发现、提出一个问题比解决一个问题更重要。"教师要教给学生质疑的方法,并运用各种手段激励学生发问。比如语文教师在讲《五彩池》一文第二自然段时,就可以抓住文中语句的特点,引导学生提出疑问。教师或学生提出的有价值的问题,或许会使学生一时陷入百思不得其解的苦闷之中,也可能会成为激起课堂激烈争论的"导火索",但教育的佳境往往就在于此。正如古诗所云:"踏破铁鞋无觅处,得来全不费功夫。"在困惑与探索中,学生往往能够豁然开朗,获得意外的收获。

叶圣陶先生曾说:"养成好习惯必须实践。"教师应让学生"在游泳中学会游泳",而不能纸上谈兵,空谈理论。教师必须倾注大量心血,引导学生自觉实践。在日常教学中,教师应积极拓展语文学习渠道,协调好家庭、学校、社会三方面语文教育之间的关系,使学生自主地将语文学习付诸实践,从而养成多渠道学习语文的习惯。

小学生活泼好动,好奇心强,接受新事物的能力强。然而,他们做事又常缺乏持久性,容易半途而废。此时,家长必须指导孩子的学习,才会起到事半功倍的效果。任何习惯都不是与生俱来的,都是后天经过长期训练逐渐形成的。尤其是良好的语文学习习惯,其培养过程漫长且充满挑战。但只要教师坚持不懈,采用科学的方法训练学生,就一定会能取得良好的效果。家长和教师携手努力,共同为培养孩子的良好语文学习习惯而奋斗!

小学语文单元小主题式教学的探索

　　语文课程应致力于学生语文素养的形成与发展。语文素养不仅是学生学好其他课程的基础，也是学生全面发展和终身发展的基础。由此可见语文素养的重要性。那么，如何更好地提升学生的语文素养呢？首先，教师要从课堂抓起，既要提高课堂的教学效率，也要提高学生的自学能力。其次，教师需将语文教学从课堂延伸至课外，实现由"小语文"到"大语文"的转变。语文课本有一个显著特点：每个单元都围绕一个明确的主题进行设计编排，单元内的各篇文章从不同角度对这一主题进行呈现和展示，单元主题是贯穿整个单元教学的主线。基于此，结合自己的教学实践及对相关知识的学习，我提出了单元小主题式教学模式。

　　何谓单元小主题式教学？简而言之，单元小主题式教学就是一节课教授一个单元中的两篇课文，一个单元的课文一般两到三课时就能学完，省下来的时间让学生阅读与本单元主题相关的文章或书籍。然而，这一教学模式的有效实施有一个重要前提：教师必须在课前"吃透"教材，准确把握教学的重点和难点，提炼出两篇课文的精髓，并将这些精髓转化为引导学生思考的问题。同时，学生在教师的指导下进行充分的课前预习，把课文读顺、读通，边读课文边解决生字词（即随文识字）。学生在读顺、读通课文的同时，也基本掌握了生字词。必要时，学生还需在课前搜集与课文相关的背景资料。

一、学生课前自主预习模式

　　下面我结合自己的教学实践，谈谈学生在教师指导下的课前自主预习模式。

1. 读单元导语

通过阅读单元导语,学生明确本单元的学习要点及学习任务,围绕本单元的单元主题展开学习。

2. 初读课文

学生需读顺、读通课文,并掌握两篇课文中生字词的读音、书写和含义。教师应指导学生边读课文边学习生字词。学生在理解词义时,不能脱离具体的语言环境。当遇到生字词时,学生可以查阅字典或相关资料,也可与同学讨论解决,并将这些生字词记录在课本的空白处,以便复习和巩固。

3. 再读课文

再读课文时,学生需要初步感知课文的大意。

4. 熟读课文

熟读课文后,学生可用几句话来概括每篇课文的大体内容,或写下读文章后的感受。

5. 搜查资料

有些课文所讲述的内容与学生的现实生活相差较大,学生难以很好地理解课文内容,也难以体会作者的思想感情。针对这种情况,教师应在课前让学生搜查相关资料。在学习《十六年前的回忆》和《灯光》时,教师可以让学生在课前通过上网或查阅书籍,搜查有关李大钊的资料,了解当时的历史背景,从而感受李大钊的革命精神,这有助于学生更好地理解课文内容。同时,学生还可以搜查革命战争年代无名英雄的故事,以更深刻地理解郝副营长为了伟大而又平凡的理想不惜牺牲自己的高贵品质。

在学习新课文前,教师可以根据学生搜查的情况进行资料补充,帮助学生将课文内容与生活实际联系起来,从而更好地体会作者的思想感情,激发学生与作者产生心灵共鸣。

6. 记录疑问

学生预习后课文后,要认真记录有疑问的地方。

二、课堂教学模式

下面我结合《老人与海鸥》《跑进家来的松鼠》,谈谈课堂教学模式。

(一)谈话激趣导入

为了导入《老人与海鸥》《跑进家来的松鼠》这两篇课文,教师可以说:"同学们,你们家里养过小动物吗?你和它之间有过哪些有趣的经历呢?其实,动物和人一样,也有喜怒哀乐。今天这节课,我们就一起走进人与动物之间的故事,感受动物与人之间的那份深厚情感。"

(二)检查预习

(1)检查学生对生字词的掌握情况。教师朗读生字词,学生默写。教师随机抽取学生朗读生字词或解释字词的意思。

(2)检查学生是否理解文章,让学生用一两句话分别说说《老人与海鸥》《跑进家来的松鼠》两篇课文的大体内容。

(三)整体感知《老人与海鸥》

首先,教师提出代表文章核心的问题,比如:①文中的老人是一位怎样的老人?你是从文中哪些语句中体会到的?②就这样十多年过去了,有一天,老人去世了。当我们把老人最后一次喂海鸥的照片放大,带到翠湖边上时,这时发生了什么?快速默读课文寻找相关语句,并说说你从这些语句中体会到了什么?然后,学生围绕教师的问题进行品读。最后,学生回答问题,教师针对学生的回答进行总结。

(四)整体感知《跑进家来的松鼠》

首先,教师提出代表文章核心的问题,比如:①跑进作者家里的松鼠都做了哪些事情?快速默读课文并用自己的话说一说。②在作者一家人的眼中,这是一只怎样的松鼠?课文表达了作者一家人对松鼠的什么之情?学生围绕教师的问题快速默读课文,整体感知课文内容。最后,学生回答问题,教师针对学生的回答进行总结。

(五)写作方法指导

《跑进家来的松鼠》一文写得非常有趣,作者是怎么写出来的?作者主要通过典型的事例来描述松鼠的有趣。

再看《老人与海鸥》这一课文,作者是怎样把老人与海鸥之间的感情表达出来的?作者主要通过一些神态、动作、语言的描写来表达老人与海鸥之间的感情。

(六)解决预习后的疑问

教师询问学生的疑问是否有了答案,如果没有答案,教师为学生进行解答。

(七)学生谈谈收获

两篇课文学完后,教师邀请学生谈谈收获。

(八)教师小结

课堂最后,教师对这两篇课文进行总结。

在上课时,两篇课文的侧重点并不相同,教师会主要讲解其中一篇课文,另外一篇以"带"的方式辅助教学。两篇文章的主题相同,只不过体现形式各有不同。因此,教师可以遵循少而精的原则。结合自己的教学实际,我认为与其面面俱到,不如有舍有得。在教学过程中,教师应围绕以问题形式体现的核心内容展开教学,突破重点,解决难点。同时,教师应注重教给学生学习方法,并在写作方面进行渗透指导,以提高学生学以致用的能力。在课堂上,教师要尽量让每个学生的思维都动起来,让学生思有所得。

学生在教师指导下的课前自主预习,不仅锻炼了他们的预习能力,也提高了自学能力。两篇课文一节课讲的教学模式,可以让学生有更多时间自由阅读课外书籍,从而拓宽他们的知识面。学生将课堂上学到的知识运用到课外学习中,这个过程充分体现和提升了他们的学以致用能力,同时也提高了阅读理解能力和写作能力。

小学语文教学的探索与创新仍在路上,让我们携起手来共同努力,相信迷人的风景就在不远处。

小学语文跨学科融合教学的探索

一、背景介绍

随着科技的飞速发展和全球化的推进,单一学科的教育模式已经无法满足现代社会的需求。跨学科融合教学成为教育领域的新趋势,旨在培养学生综合运用知识的能力、创新思维以及解决实际问题的能力。暑假的教师培训中,专家学者又为教师带来了跨学科教学的春风,让教师对跨学科教学有了更加深刻的认识。虽然教师只见了冰山一角,但这一角已足以驱散眼前的迷雾,激励教师勇敢尝试。因此,本学期一开始,学校的语文教师团队便迈出了跨学科教学的第一步,开始了跨学科教学的探索之旅。

跨学科融合教学是指在教学过程中打破学科界限,将不同学科的知识和方法有机融合,以提高学生综合素质和能力的一种教学模式。这种教学模式为学生提供了更广阔的视野和更丰富的知识背景,有助于学生构建完整的知识体系,有助于提高学生的综合素质。素质教育理论强调培养学生的创新精神和实践能力,跨学科融合教学正是这一理论的实践与应用。同时,跨学科融合课程也体现了新时代中国教育的特色,通过实施融合课程,能够培养出符合时代要求、更好承担起祖国未来的接班人。在这种背景下,基础教育阶段的课程教学采用多学科课程融合的视角来探索学科间的相互融合,这已成为当前基础教育改革的重要内容。

二、开展过程

(一)确定主题

学校的跨学科探索是基于语文教学背景下的尝试性探索。语文教师团队根据二年级上册的语文课本制订了跨学科教学的计划,确定了本学期语文跨学科教学的七期活动,如表 6 所示。

表 6　二年级上册语文跨学科教学活动

活动期数	活动主题	对应课文	跨学科内容	成果
第一期	生物变形记	小蝌蚪找妈妈	生物的变态发育	生物变形记画报
第二期	种子旅行记	植物妈妈有办法	植物传播种子的方法	种子旅行记画报
第三期	水的奥秘	我是什么,企鹅寄冰	自然科学:水的物态形式	水的奥秘手抄报
第四期	云游中国	黄山奇石,日月潭	中国地理及旅行知识	旅行路线图及旅行记录册
第五期	画家乡	语文园地四(画家乡)	地理:了解自己的家乡,认识临沂	画家乡
第六期	捡秋之秋叶门帘	树之歌	认识并欣赏秋叶,制作秋叶门帘	秋叶门帘
第七期	风之力	风娃娃	了解风的形成,认识风的等级	制作风车

(二)制定目标

(1)激发学生对不同学科知识的兴趣;

(2)培养学生的团队协作和沟通能力;

(3)提高学生的创新思维和实践能力。

(三)实施过程

1.启动阶段

教师可以将教学内容设计成任务情境的方式,并在语文课上实施,让学生在真实的情境中完成相应的活动。通过这种方式,跨学科知识可以自然地融入课堂,激发学生的学习兴趣和探究欲望,同时帮助他们掌握基础知识。

2.实施阶段

教师可以抽出专门的一节课对跨学科知识进行讲解,结合相应的视频或文字资料,帮助学生深入理解。随后,教师组织学生进行小组探讨,并布置相关任务,引导他们合作完成。在此过程中,教师可以适时地给予指导。例如,在第一期的"生物变形记"活动中,教师通过多个视频资料让学生了解什么是生物的变态发育以及自然界中有哪些生物会发生变态发育。接着,小组成员进行探讨,并分享自己对生物的哪种变态发育感兴趣。最后,教师布置任务,让学生绘制自己感兴趣的生物的变态过程。

3.总结阶段

学生利用课余时间继续学习相关知识,并完成教师布置的任务,最后进行成果展示。

在过程实施阶段,教师需要注意坚守语文学科属性,始终保持语文学科的教育初心。跨学科教学强调整体性,教师要处理好各学科之间的融合关系,同时也要关注学科知识与课程资源之间的系统性联结。在跨学科教学活动中,学生应是学习的主体,教师则起到指导和推动作用。当然,开发跨学科课程要考虑学生的个体差异。学生的学习能力和家庭背景各不相同,部分学生可能无法很好地完成任务,此时教师应以激发他们的兴趣为主,不必过于苛求。

三、价值与意义

跨学科教学的探索不仅提升了师生的综合素养,开阔了师生的视野,更重要的是,它可能引发教师对教育更深层次的探究与变革。

跨学科教育的意义体现在学生身上。跨学科融合教学课程对培养学生的核心素养具有重要作用。在跨学科课程融合教学中,通过语文、科学、地理、美术等学科的融合,能够促使学生更深入地挖掘课程背后的人文底蕴,培养他们的科学精神。在课堂中,学生学会了以知识为载体进行自主学习。学生通过小组合作,增强了合作学习意识,提高了学习效率。

跨学科教学的意义也体现在教师身上。多学科的融合教学对教师的课堂组织能力和协调能力提出了更高要求,促使教师不断学习、反思、改进和提升。同时,教师通过学习与实践,提高了运用多学科知识组织教学的能力,更新了原有的、陈旧的教学理念,从而提升了教学素养。

四、未来展望

跨学科教学仅仅是万里长征的第一步。在摸着石头过河的过程中,我们也遇到了一些困惑,例如:是否还能尝试其他形式的跨学科融合?课程融合与课程整合的联系与区别是什么?如何构建更优质的学科融合教学模式?这些问题既是当前的挑战,也是推动我们未来继续前行的动力。正如"路漫漫其修远兮,吾将上下而求索",我们将在探索中不断反思、改进,迈向更高的目标。

在阅读中快乐成长

在语文教学中,教师要注重培养学生的听、说、读、写能力,而"读"是语文教学的基础。俗话说:"读书百遍,其义自见。"如果学生能够主动阅读,他们的分析能力会得到显著提升。阅读是学生的个性化行为,教师不应以自己的对阅读内容的理解来代替学生的阅读实践,而应引导学生在自主阅读中获得感悟和启迪,享受阅读乐趣。阅读教学可以从以下几个方面开展。

一、培养兴趣,体验阅读的快乐

兴趣是最好的老师。如果学生能将阅读视为一种兴趣,他们就能养成阅读的习惯,并从中获取丰富的知识。苏联教育学家苏霍姆林斯基曾指出:"在小学阶段,独立阅读在学生的智力发展、道德发展和审美发展中起着特殊作用。"孔子也曾说:"知之者不如好之者,好之者不如乐之者。"因此,培养学生的阅读兴趣十分重要。只有学生对阅读产生内在的兴趣,他们才会主动阅读,并从中受益。例如,在学完《卖火柴的小女孩》后,学生对小女孩的命运有了深刻的认识,并对当时的社会背景产生了思考。教师可以借此机会,引导学生查阅相关资料,并准备在下一节课召开故事会。实践表明,学生的积极性非常高。在阅读过程中,学生不仅被人物个性所吸引,还被作品多样的表现手法和独特的艺术魅力所感染,同时从中获得了深刻的启发。这种阅读体验对学生的价值观产生了积极的影响。

在教学过程中,教师可以随堂向学生推荐一些适合他们阅读的中外优秀文学作品,鼓励他们自主阅读,从而有效地激发他们的阅读兴趣,提升他们的阅读能力。因为学生感悟文本的能力正是通过课内外的自主阅读逐渐建立起来的。例如,在学习沈石溪的《最后一头战象》时,学生被嘎羧寻找战斗过的地方以及对战友的怀念深深打动,被它善良、忠诚的高尚情怀所触动。如果说《最后一头战象》呈现给我们的是深沉的爱和对生命价值的思考,那么,沈石溪的其他作品又会给读者带来怎样的震撼呢?为此,我布置了课外阅读任务,让学生寻找沈石溪的其他作品并仔细阅读,同时记录下自己的点滴感受。我还向学生推荐了曾经读过的优秀作品,如《狼王梦》《斑羚飞渡》《第七条猎狗》。学生们兴致勃勃地找来相关书籍阅读,读完后纷纷与我交流读书感受,真正体验到了阅读的快乐。

二、读思结合,学习阅读方法

孔子曾说:"学而不思则罔。"如果学生只是机械地读文字或认识字词,这并非我们的教学目的。只有读有所思,才能有所收获。在阅读教学中,教师应特别注重学生的思考过程,引导学生从多角度思考问题,鼓励他们大胆质疑和释疑。正如"学源于思,思源于疑",教师不仅要提倡质疑和释疑,还要鼓励学生大胆创新,敢于发表与众不同的见解,突破传统观念,从而形成新思想、新观点。叶圣陶先生也曾指出:"一篇好作品,只读一遍未必能理解得透,要理解得透,必须多揣摩。读过一遍再读第二遍、第三遍,自己提出些问题来自己解答,是有效方法之一。"然而,在实际教学中,教师"满堂灌"和"走教案"的现象仍屡见不鲜,学生根本没有机会去发现问题、提出问题,更谈不上解决问题了。因此,质疑和释疑能力的培养是培养学生自主阅读能力和创新能力的关键。

学生的质疑和释疑能力是需要下功夫培养的。在教学过程中,教师要鼓励学生大胆提问,帮助学生迈出从"不敢质疑"到"敢于质疑"的第一步;要教会学生如何质疑,引导学生掌握提问的方法和技巧;要培养学生的"怀疑"与"叛逆"精神,鼓励学生敢于提出不同见解;要教会学生释疑,引导学生通过思考和实践解决问题。

(一)引导学生探究质疑的方法

(1)教师要选择时机引导学生理解所提问题与教学内容的关系,帮助学生明确问题的提出依据及目的,从而增强学生的提问意识,提高他们的提问水平。

（2）教师要巧妙地传递提问题的思维过程和方法，通过示范根据课文内容和教学重难点提出问题，教给学生提问的方法。

（3）教师有意识地安排一些能够训练学生提问能力的教学实践活动。无论是课前预习、课中深入，还是课后延伸，教师应始终鼓励和引导学生提问题，并对问题的难易程度、思考价值和解决问题的思维方式等给予适时评价和指导。

在高效课堂中，教师应注重引导学生提出有价值的问题，并指导学生学会提问的方法，从而使学生能够根据课文的重难点提出很深刻的问题。例如，《惊弓之鸟》这一篇课文逻辑性较强，比较难懂。在课堂上，我通过让学生自读课文、自主提问、小组讨论等方式，引导他们提出了以下有思考价值的问题：更羸为什么不用箭就能把大雁射下来？更羸怎么知道大雁受过箭伤？大雁是谁害死的？其中，第三个问题提得很有水平，它的答案无法直接从文章中找到，需要学生发挥想象和联想，这充分促进了学生的思考。

（二）引导学生探究释疑的方法

教师在释疑时，不能只告诉学生问题的答案，而应注重展示答案得来的过程。更重要的是，教师也不应直接将过程告诉学生，而是要引导他们主动探索，逐步掌握释疑的方法，从而实现学生学会自主学习和探究学习的目标。例如，在《惊弓之鸟》这一篇课文中，针对第三个问题"大雁是谁害死的？"，我让学生分小组学习和讨论。这个问题无法直接从文中找到答案，需要学生发挥想象和联想。在集中讨论时，学生的发言中出现了许多有趣的分析和精彩的语言表达，他们的思维得到了充分的锻炼。通过这种方式，学生学得开心，记得也更牢固。

在阅读教学中，教师应注重培养学生的质疑和释疑能力，给予学生充分的实践机会，让他们能够自主探究学习。这不仅有助于培养学生的创新思维能力，还能极大地增强学生在阅读中的主体地位。

三、读品结合,提高鉴赏能力

"品读"即品味语言文字。学生在品读中能够产生感悟,并将书面的知识内化为自身的语文素养。纸上得来终觉浅,心中悟出始知深。正如清代陆世仪所说:"人性中皆有悟,必工夫不断,悟头始出,如石中皆有火,必敲击不已,火光始现。"可见,感悟是每个人都具备的能力。著名教育家苏霍姆林斯基也强调:"人的力量和可能性是不可穷尽的。"品读感悟教学是感悟型教学的一种手段,它以读为主,培养学生对文章意蕴的感悟能力。

在品读的教学实践中,我采用了一种可操作性和实效性强的方法:教师示范评读→个别指导评读→同桌练习评读→小组汇报评读→全班展示交流评读→集体欣赏品读。这种方法很快被学生接受,极大地激发了他们的阅读积极性。学生们越读越投入,越读越动情,切实提升了他们的语文感悟能力,激活了他们的思维,提高了他们的语文素养。例如,在学习雷利的《一个中国孩子的呼声》时,许多学生在读到描写爸爸牺牲的段落时,并未感到悲伤,反而觉得可笑。这是因为在和平年代,他们难以感受到战争的残酷。为此,我展示了大量战争相关的图片并进行情感渲染,让学生结合课文反复品读。最终,学生们理解了文字背后的深意,能够通过朗读表达出悲伤和对和平的渴望。

四、课外延伸,在海量阅读中快乐成长

苏联教育学家苏霍姆林斯基曾说:"让学生变聪明的方法,不是补课,不是增加作业量,而是阅读,阅读,再阅读。"这充分说明了阅读的重要性。《义务教育语文课程标准(2022年版)》也明确提出,学生应利用图书馆、网络等渠道进行探究性阅读,扩大阅读量,并对各学段学生的课外阅读总量提出了具体要求。广泛的课外阅读是学生获取知识的重要途径。学生从课堂上掌握的知识往往需要通过课外阅读进一步消化和吸收。学生将课内所学与课外阅读相结合,能够实现知识的融会贯通。

孩子们保持对课外阅读的兴趣并形成良好的阅读习惯,这是一个长期

的过程。由于小学生年龄小，注意力容易分散，许多孩子往往只有"三分钟热度"。因此，教师在讲解教材时，可以用大纲以外的知识来启发学生，从而激发他们的阅读兴趣。

为激发学生的阅读兴趣，提高他们的阅读能力和认知水平，教师要根据学生的年龄特点和知识水平帮助学生选择合适的读物，引导学生阅读优秀的课外作品。例如，在四年级语文课本中，第三单元的课文内容都与大自然相关，我便推荐学生阅读《十万个为什么》。通过引导，学生逐渐养成了阅读习惯，提高了阅读兴趣。在教学中，教师的作用更像是为学生打开一扇通往知识海洋的窗口，而不是将所有知识点一一讲解。教师可以有意留下一些内容不讲，但要稍作点拨，激起他们到浩瀚的知识海洋中探索的欲望。这种好奇心促使学生主动阅读相关书籍，从而进一步激发阅读兴趣。课内阅读与课外阅读的有机结合，既丰富了学生的学习内容，也拓展了他们的文化视野，同时培养了他们积极的人生态度。

总之，在阅读教学中，教师应充分发挥引导作用，充分调动学生的阅读积极性，让学生在宽松、活跃的阅读氛围中爱上阅读并养成良好的阅读习惯。

质疑，让课堂呈现不一样的精彩

我国唐代文学家韩愈曾说："师者，所以传道、授业、解惑也。"这里的"惑"就是学生的困惑和疑问。学生只有心存疑问，才会产生"解"的动力。古人云："学贵有疑，小疑则小进，大疑则大进也。"质疑不仅能调动学生读书、思考和问答的积极性，还能提高他们的创新思维能力，使学生真正成为学习的主人。同时，质疑也能帮助老师发现学生不懂或不太理解的字、词、句、段，从而进行有针对性的辅导，达到举一反三的效果。朱熹曾说："读书无疑者须教有疑，有疑，却要无疑，到这里方是长进。"《义务教育语文课程标准（2022年版）》的基本理念是倡导自主、合作、探究的学习方式，强调："语文课程必须根据学生身心发展和语文学习的特点，关注学生的个体差异和不同的学习需求，爱护学生的好奇心、求知欲。"

在小学语文教学中，教师如何引导学生主动探究知识呢？学生只有对所学知识产生了疑问，才会主动思考并寻求解决的方法，而质疑、思考、解决的过程就是学生主动学习的过程。那么，在语文学习过程中，教师如何引导学生主动提出疑问呢？教师应善于利用学生已有的知识引导他们质疑，鼓励他们从"不敢问"到"勇于问"，并教会他们质疑的方法，让学生做到既勇于更善于质疑问难，从而提高探究学习的效率。教师可以从以下五个方面引导学生质疑。

一、创设平等对话的师生氛围

老师与学生之间应建立一种平等对话的关系。只有在这样的关系中，学生才敢于质疑。和谐轻松的学习氛围能让学生的思维不受拘束，从而碰撞出思维的火花。平等的师生关系使学生与老师成为亦师亦友的伙伴，学生不会盲目迷信老师的讲解,而是能够形成自己的独特见解。建立和谐的师生关系是学生摒弃疑虑、积极参与学习活动的重要前提。老师应尊重每一位学生,相信他们都有提出问题的能力,并帮助他们树立质疑问难的信心。同时,老师应以朋友身份融入学生的学习活动,与学生一起质疑、探究。只有这样,学生才能在平等和谐的氛围中大胆地质疑问难,真正成为学习的主人。

二、兴趣是课前预习和课堂教学的源动力

古人云:"凡事预则立,不预则废。"课前预习已被实践证明是一种良好且有效的学习习惯。它不仅培养了学生自主学习的习惯,还增强了学生的自控能力,有效提高了他们独立思考问题的能力。在课前预习过程中,学生对课文内容有了整体把握,明确了学习目标,并产生了一些疑问。这样,他们在课堂上才会积极思考,从而与老师产生思维碰撞。在预习过程中,除了完成一般预习任务外,学生还应有"不提问题不读书""读书必发问"的意识,尽量自己解决能解决的问题,将无法解决的问题记录下来。这不仅能提高学生独立解决问题的能力,还有助于学生发现学习中的重点和难点,使学习事半功倍。

提高课堂教学的兴趣是抓好课前预习的重要保证。布鲁纳曾说:"兴趣是最好的老师。"兴趣是学生发展思维能力的巨大动力,是促进学生乐学、好学的先决条件。学生一旦对学习产生兴趣,就会在大脑中形成优势兴奋中心,促使各种感官(包括大脑)处于最活跃状态,从而为参与学习活动提供充足的准备。语文课的预习内容广泛且丰富,包括文章的作者、时代背景及重要人物、事件、景物等。这些内容融知识性与趣味性于一体,既能激发学生的阅读兴趣,提高他们阅读的积极性,又能开阔他们的视野。因此,教师应从多方面培养学生课前预习的习惯,注重趣味引导,帮助学生逐步理解课文,完成学习任务。

低年级学生往往只会逐字逐句阅读,缺乏联系上下文思考的意识。这时,教师应引导他们学会探究和质疑。例如,《乌鸦喝水》这一篇课文的前半

部分内容简单易懂,讲述了乌鸦口渴找水喝的过程。这篇课文的难点和重点是"乌鸦把石子一个一个地放进瓶子里,瓶子里的水渐渐升高了,乌鸦就喝着水了"。于是,我放弃了传统的顺序教学法,先让学生通读全文,然后引导他们质疑。我向学生提问:"这篇课文有什么地方不明白?"学生立刻提出:"为什么乌鸦把石子一个一个放进瓶子里,水就会升高?"这个问题直指核心,其他学生也纷纷讨论。于是,我通过实验让学生明白其中的道理,难题便迎刃而解。通过这样的训练,学生的质疑能力显著提高。这些天真可爱的孩子,在课堂上常常提出一些深刻或有趣的问题,给老师带来意想不到的惊喜。同时,他们的胆量、口语交际能力也得到了锻炼。在学生提出问题后,老师引导他们通过读书、分组讨论等方式解决问题,使他们对学习产生了浓厚的兴趣。

三、利用课文题目引导学生质疑

课文题目常常是文章的"眼睛",它可能是内容的概括、中心思想的提示,或是全文线索的暗示。教师引导学生针对课文题目提出问题,不仅有助于学生理解文章,还能培养他们的质疑能力。例如,在教《画家和牧童》一课时,我故意将"画家"写得大一些,"牧童"写得小一些,形成了鲜明的视觉对比。学生自然产生了疑问:为什么"画家"写得那么大,"牧童"写得那么小?画家和牧童之间会发生什么故事?学生带着这些问题,积极阅读课文,主动寻找答案。

在授课开始时,老师如果能抓住课文题目巧妙地设计问题,不仅能提高学生的解读能力,还能帮助他们通过分析标题含义掌握阅读线索,从而更快地理解课文。在学习课文前,老师可以让学生谈谈从课文题目中知道了什么,还想知道什么。这样既帮助学生理解课文题目,又为学习课文设置了悬念,激发了学生的探究兴趣。例如,在教《最大的"书"》一课时,老师出示课文题目后,学生问:"最大的'书'指什么?为什么说是最大的?"学生带着这些问题走进了课文。在教《月亮的心愿》一课时,我从"愿"字入手,让学生组词。当提到"心愿"一词时,我请学生结合自己的实际生活,谈谈自己的心愿。接着,我又出示了课文题目,引导学生说出读课文题目后最想知道什么。这一引导犹如一石激起千层浪,学生纷纷提出诸多问题。有的问:"月亮的心愿是什么?"还有的问:"月亮又不是人,为什么会有心愿?"学生带着这些问题阅读课文,学习的积极性格外高涨。

四、让关键词句成为学生理解课文的突破口

在教学中,关键词句往往能成为理解课文内容的突破口,帮助学生准确感知课文描述的情景。教师通过关键语句和内容可以层层推进,巧妙地将教学引向深处,使学生更好地理解重点词句及课文内容,并引发联想和想象。例如,在教《三个儿子》一课时,学生提出疑问:"课文的题目是《三个儿子》,为什么老爷爷却说只看见一个儿子?"这表明学生在阅读过程中对课文有了初步理解和思考。教师以这个问题为突破口,指导学生讨论交流,最终理解了课文内容和蕴含的道理。原来,那个在妈妈口中没什么特别的孩子,却能注意到妈妈手中水桶的沉重和妈妈的辛劳,他接过妈妈手里沉甸甸的水桶,提着走了。通过这一细节,学生深刻理解了孝敬父母的道理。因此,抓住关键词句提问,不仅能使教学内容精练,使学生的注意力集中,还能有效突破教学重难点,激发学生的求异思维,从而使他们的思维更加灵活。在教《美丽的小路》一课时,课文比较长,前几段描述了小路的美丽和大家对它的喜爱,内容浅显易懂。因此,我没有过多讲解,只是引导学生有感情地朗读和分角色表演。而课文的第八自然段是关键,因美丽的小路不见了,鸭先生说:"这都怪我! 我一定要把美丽的小路找回来!"这句话是理解全文的核心。当学生读到这里时,我及时向学生提问:"你读了鸭先生的话,能想到什么问题吗?"学生茅塞顿开,纷纷举手回答,有的说:"鸭先生为什么怪自己?"有的说:"他为什么要把美丽的小路找回来?"还有的说:"他怎样把美丽的小路找回来?"这些有探究价值的问题为进一步理解课文内容做好了铺垫。

五、引导学生在认知矛盾处探幽

创设认知冲突的情景,能够激发学生主动提问,从而更深刻地领会课文

的思想感情。教师引导学生在认知矛盾处探幽，即教师引导学生边思考边在矛盾处刨根问底。例如，在教《我为你骄傲》一课时，教师可以提问："文中的我明明打碎了老奶奶家的玻璃，为什么老奶奶却说'我为你骄傲'呢？"这一问题引发了学生的思考和探究兴趣。教师随后组织学生围绕这一问题进行研读讨论，最终帮助他们理解课文并形成自己的观点。在教《小鹿的玫瑰花》一课时，文中小鹿弟弟有两句话前后矛盾，分别是"这玫瑰你白栽了"和"看来，你的玫瑰没有白栽"。我引导学生抓住这两句话提出疑问，学生问："鹿弟弟为什么先说'白栽了'，又说'没有白栽'？他的话是否前后矛盾？"这一认知冲突激发了学生的探究欲望，促使他们主动寻找原因。

质疑是探求新知的起点，也是推动学习的动力。学生只有在阅读中认真思考、发现问题并主动提问，才能有所收获。因此，阅读教学应重视学生质疑能力的培养。正如苏霍姆林斯基所说："在人的心灵深处，有一种根深蒂固的需要，那就是希望自己是一个发现者、研究者和探索者，而在儿童的世界里，这种需要特别强烈。"在课堂上，教师应尽量激发学生的探究欲望，给予他们质疑的机会，让他们借助"质疑"这根导火线，点燃创新的火花。

当学生学习的主动性被激发，变得想学、乐学时，学习效率才能真正提高。实践证明，训练学生的质疑能力能有效提高他们参与学习的积极性和主动性。质疑不仅是激发学生学习兴趣的良机，也是启迪创新思维的重要途径。

浅议语文与生活

  《义务教育语文课程标准(2022 年版)》提出了"综合性学习"的要求,旨在加强语文课程与其他课程及生活的联系,促进学生语文素养的整体提升和协调发展。语文素养是一种适应生活需求、整合性强且具有可持续发展前景的综合素养。要培养这种以促进人的发展为目标的素养,必须将教育与生活紧密结合。

  语言来源于生活,在生活中学语文是"大语文教学观"的核心。识字、阅读、习作、口语交际都与现实生活息息相关。在语文教学中,教师应让语文教学回归本真,让语文教学回归生活。同时,生活也是学生学习的源泉,是课堂教学生活化的延伸。

  教学活动是人类生活的一部分,离开生活的教学活动是不存在的,而语文教学尤其离不开生活。生活中无时无处不存在着语文教学的机会。

  教学生活化是将教学活动置于现实生活背景中,激发学生作为生活主体参与活动的强烈愿望,同时将教学目的和要求转化为学生的内在需求。学生在生活中学习,在学习中更好地生活,从而获得有活力的知识,并真正地陶冶情操。

一、语文教学的生活化

  教材中的每一篇课文都来源于生活。教师应以课堂为起点,实施生活化的教学,加强课堂教学与生活的联系,让教学贴近生活、联系实际。只有这样,才能帮助学生更好地理解课文内容,才能赋予课文生命和活力,才能引导学生更好地懂得生活、学会生活、改造生活。在教学中,教师应做到以下三点。

1. 边学边观察

课文中的一些人和事由于与学生的时空距离较远,学生对其认识往往不全面,甚至存在偏差。有些课文内容是学生常见的生活现象,这些现象却常常被他们忽视或知之甚少。因此,教师应指导学生留心观察生活。通过观察,学生认识生活、理解课文,同时提高他们的观察和理解能力。

例如,《爬山虎的脚》一文中的爬山虎对学生来说并不陌生,但真正观察过它的学生却不多。教师应在课堂上提出明确的观察任务,并指导学生抓住特点进行观察,从而了解爬山虎脚的特征。这样,学生在学习课文时就能得心应手。在教《火烧云》一课时,教师可以指导学生观察云彩的变化,了解其姿态万千、变化多端的特点。通过观察生活,学生能够更好地理解课文内容。

2. 课文表演,享受生活

每一篇课文都以语言文字为载体,记录着一定的生活信息。学生学习语文的过程,就是将语言文字还原为客观事物,从而获得主观感受的过程。有些课文内容与学生的实际生活相差较大,给学生的学习带来一定困难。这时,教师应通过情境创设再现课文所描绘的生活画面,使学生如临其境,从而更好地理解课文内容。例如,教师可以将课文编排成课本剧,让学生演一演,可以把语言文字转化为生活场景,从而加深学生对课文的感悟。

例如,在教《小夜莺》时,教师可以组织学生分角色扮演小夜莺与敌人,从中体会小英雄的机智勇敢。在教《小英雄雨来》时,教师可以借助多媒体播放雨来为保护李大叔而被敌人殴打的英勇场面,同时配合教师抑扬顿挫的朗读和精心剪辑的配乐。通过音乐、画面、语言和神情的结合,营造出与课文内容相匹配的氛围,使学生入境动情,顺利跨越时代的鸿沟,理解并领悟小英雄的气概。

3. 快乐学习,用心体验生活

俗话说:"要想知道梨子的滋味,应该亲自尝一尝。"同样,学生对课文的感悟也是如此。教育心理学家乌申斯基指出:"一般来说,儿童是依靠形式、颜色、声音和感觉来进行思维的。"教师应有意识地创设教育情境,将课文描绘的客观情景和现象生动地展现在学生面前,让学生身临其境,再结合已有的生活经验去体验和感悟。

例如,《桂林山水》一文的作者用细腻的笔触描绘了漓江水的静、清、绿,给人以如画般的感受。如果仅仅停留在语言文字的欣赏上,学生的感受可能不够深刻。老师不妨将学生带到河边,让他们亲身体验无风河面的宁静,并写下自己的感受。这样,无需老师多言,学生对这段文字的感悟就会像品茶一样,愈品愈香,回味无穷。这不仅加深了学生对课文内容的理解,也激发了他们热爱祖国美好河山的情感。

二、在生活中寻找教学

生活是知识的海洋,生活中处处皆学问。因此,教师应具备一双慧眼,从生活中寻找与语文教学相关的素材。

《学会生存》一书中指出:"小学教育的共同趋势是必须把理论、技巧和实践结合起来,把脑力劳动和体力劳动结合起来,学习不能和生活脱节,儿童的人格不能分裂成为两个互不接触的世界。在一个世界里,儿童像一个脱离现实的傀儡一样,从事学习;而在另一个世界里,他通过某种违背教育的活动来获得自我满足。"因此,真正理解知识并不是最终目标,能够将所学运用于生活,尤其是创造性地运用,才是我们追求的目标。而实践是实现这一目标的基本途径,是课堂教学生活化的延伸。教师应以课外实践为依托,引导学生走向社会,走向生活。

1. 学生在校学习语文

学校是学生生活的重要舞台,这个舞台上发生的故事可以成为学生学习的重要内容。例如,开学初,二年级一名学生在路上拾到一位小朋友的学费,主动交给老师;五年级的三位同学一年到头帮助残疾同学上学。这些真实的故事都可以让学生去讲、去写,成为语文学习的生动素材。

2. 联系社会生活,学习语文

《义务教育语文课程标准(2022年版)》指出:"沟通课堂内外,充分利用学校、家庭和社区等教育资源,开展综合性学习活动,拓宽学生的学习空间,增加学生语文实践的机会。"社会是语文学习的广阔天地。教师可以让学生扮演"文字小卫士"去纠正日常生活中的不规范用字现象,这样,学生不仅能掌握语言文字知识,养成写规范字、说普通话的良好习惯,还能锻炼社交能力。

学生从学校走向社会、走向生活的拓展过程可以通过多种形式实现。首先,教师可以精心安排有利于学生自主学习的活动。例如,在学习了《青铜葵花》《草房子》等课文后,教师可以鼓励学生寻找社会中的留守儿童或困难老人,给予他们帮助。其次,只要用心观察,教师就会发现校外教育资源非常丰富,例如,临沂的滨河、王羲之故居等都是优秀的教育资源。此外,教师还可以组织学生到村里画黑板报、帮商家设计广告词等,这些都是很好的语文实践活动。

3. 和家人一起,学习语文

家庭是儿童学习语文的第一场所,父母是儿童的第一任启蒙老师。在这里,儿童获得了许多知识。教师可以抓住每个学生家庭的特点,巧妙设计语文教学。例如,有的学生家长是卖服装的,教师可以让学生设计一个服装广告;有的学生家长是卖水果的,教师可以让学生写一篇介绍水果的文章。这样一来,学生的积极性高涨,家长也会更加支持。

总之,生活中处处有语文,也处处用到语文。语文教学生活化不仅克服了传统语文教学中只重语言的弊端,还优化了教学过程,使以创新精神和实践能力为核心的素质教育真正落到实处。学生在生活中学习语文,不仅能培养他们的探究和合作能力,还能在交流过程中提高他们的语言能力和写作能力。语文教学只有扎根于生活这片沃土,才能发芽、开花、结果。

让识字教学焕发生命活力

识字能力是学习能力的基础,也是小学低年级的教学重点,是学生提高阅读能力的保障。《义务教育语文课程标准(2022年版)》明确提出:"小学阶段,学生要认识3500个汉字,其中1—2年级要求认识常用汉字1600~1800个。"面对如此大的识字量,如何让学生喜欢学习汉字并产生主动识字的愿望,成为教学的关键。小学低年级学生的思维以具体形象思维为主,而一打开课本,学生面对的是大量抽象的归类识字。为了让学生在轻松愉快的氛围中主动识字,教师应采用多样化的教学方法,传授多样的识字技巧,激发学生学习语文的兴趣。同时,根据儿童的年龄特点,教师应有意识地激发他们的识字兴趣,拓宽他们识字的途径,培养他们的识字能力。基于这样的认识,我对低年级识字教学进行了深入探索。

一、如何让学生主动识字

1.根据儿童的思维特点,使抽象的符号具体形象化

识字本身是枯燥的,如果孩子们一味地被动识字,不仅效率低下,还会在一定程度上束缚思维的发展。因此,教师必须通过多种途径营造识字教学的良好氛围,充分调动学生的识字兴趣,不断激发他们体验识字的乐趣。只有这样,学生才能乐于识字、主动识字。

2.利用游戏的形式,调动学生学习抽象文字的兴趣

兴趣是激发儿童学习的动力。游戏是儿童喜闻乐见的形式,他们喜欢模仿、重复和表现。教师可以利用游戏(如猜字谜、找朋友)调动学生学习抽

象文字的兴趣。教师将生活中的游戏引入课堂,使课堂成为学生学习的乐园。学生在课堂上感受到游戏的乐趣,自然会对识字产生浓厚的兴趣。

3.利用多媒体课件,调动学生的多种感官参与识字教学

在教学中,教师可以充分利用多媒体课件,向学生展示充满神秘色彩的文字的演变过程。例如,教师可以通过动画形式展示象形字从实物图到现代简化字的演变过程。这种生动有趣的画面不仅能激发学生的好奇心,还能调动学生的多种感官参与识字教学。实践证明,利用多媒体课件进行识字教学,减轻了学生的记忆负担,激发了学生探索汉字世界的欲望。

4.给字配"画",培养学生的想象能力

在识字教学中,教师应根据学生的思维特点,引导他们将抽象的符号具体形象化。简笔画形象生动、内涵丰富,能激发学生的想象力。低年级儿童对图画的兴趣远大于文字,教师可以让学生为生字配"画"。例如,教师在教跳、扔、举、拍等动作词时,可以让学生通过想象为生字配上动作,让字形在脑海中"动"起来。给字配"画"的方式不仅丰富了学生的想象,让生字活了起来,还有效地提高了学生的识字效率。

5.开展实践活动,把学生引向广阔的生活空间

教师应从儿童的实际生活出发,结合他们的兴趣开展实践活动。教师可以采取模拟、创设情境的方法引导儿童识字。例如,通过模拟"动物运动会""秋天的田野""逛商店"等情境,让学生在活动中识字。活动是儿童生活的一部分,教师应注重教学与社会生活的联系,帮助儿童从"我"的世界跨入更广阔的环境,以吸收各种信息,从而扩展他们的想象空间。当学生掌握识字方法并乐于识字后,教师应有意识地引导他们在生活中识字。

《义务教育语文课程标准(2022年版)》明确指出:"语文这门学科是人文性与工具性的统一。"因此,在教学中,教师应以学生为中心,为他们创造宽松、愉悦的学习环境,使学生感受到学习是一件有趣的事情,从而主动学习、乐于学习。在教学实践中,我在识字教学中积累了一些心得,以下是我总结的识字教学方法。

二、识字教学方法

(一)教学方法灵活

我采取直观教学、对比教学和语言环境教学相结合的方法,帮助一年级新生较快地认识并掌握所学汉字,取得了较好的效果。

1. 直观教学

直观教学并非要求学生死记硬背,而是通过具体事物或物体强化教学效果,使学生在观察事物的同时认识并理解汉字。例如,我在教"上、中、下"三个表示方位的汉字时就采取此法,让三名学生分别站在上、中、下三个位置,手举相对应的汉字,让学生变换位置、交换汉字,进一步明确"上、中、下"是相对的概念。通过这种方式,"上、下"这对反义词深深印在了学生的脑海中。

2. 对比教学

由于汉字具有"拼形"和"表意"的特征,因此,对比教学尤为重要。许多汉字可以拆解并重新组合。学生在掌握基本笔画和部首后,通过对比可以较快掌握形状相近的汉字。例如,从"青"衍生出"清""睛""晴",从"巴"衍生出"把""爬",从"鸟"衍生出"鸡""鸭""鹅"。通过讲解字义,学生能够将旧知识与新内容联系起来,轻松掌握汉字的"读、写、义"。

大多数汉字是形声字,其形符表意,声符表音。以"马"为例,当学生掌握了"马"字后,老师再教"妈、吗"等字就会容易得多。字形中包含"马"这个部首的字,大多读作"ma",然后老师再进一步解释字义。例如,老师讲解"妈"字时,可以说明因为妈妈是女性,所以带有"女"字旁;而"吗"字是说话时带出的尾音,因此加上"口"字旁。

3. 创造语言环境

学生容易写错别字,主要是因为部分汉字的音、义相差较大。在教学中,学生读准音、辨清形之后,字义的教学便可以在语言环境中完成。特别是一字多义、同音字等情况在语言环境中教学,效果会更好。例如,学生常常混淆"手"和"首",使用时容易出错。在教这两个字时,我让学生口头组词,并请学生到黑板上书写这两个字。同时,我要求示范的学生抬起"首"(头),举起"手",再让学生用这两个字造一些简单的句子。如此反复几次,学生对字义的理解会更加深刻。

(二)教学形式多样

识字是阅读和表达的基础。长期以来,教师一直在探索如何让学生准确而牢固地掌握汉字的音、形、义,并形成一定的识字能力。在教学过程中,我通过采用多种教学形式,充分调动学生的学习兴趣,使他们的识字能力得到了显著提升。

1.游戏激趣

在小学低年级的识字教学中,教师除了让学生认识汉字,还要帮助他们读准字音。为了使学生能够读得准确、记得牢,我在教学中多采用游戏的形式。

(1)找朋友:教师将生字卡片发给学生,请他们站在讲台一侧,再请同等人数的学生上台,认读一个生字,持该生字卡片的同学立即走到他身边,举起卡片并领读全班。

(2)小老师:教师在黑板上贴出所有生字卡片,学生自读后选择自己学会的字,并教给全班同学。

(3)戴帽子:教师将声母、韵母、生字卡片贴在黑板上,请学生上台选择声母和韵母,组合成本节课生字的音节,并将其贴在对应生字的上方,然后领读全班。

2.多媒体课件

新兴的多媒体课件能够将图文、声音和视频结合,创造出活泼生动的教学效果。实践证明,这是一种在识字教学中行之有效的方法。

(1)动画导入。心理学研究表明,动态变化的事物更容易吸引小学生的注意力。目前,几乎每一位小学生都对动画片情有独钟。针对这一现象,我利用多媒体课件展现丰富多彩的画面和播放美妙的音乐,激发学生探索知识的兴趣,使学生的心态从"要我学"变为"我要学"。我曾根据课文内容设计出一个简单的春季小动画:柳枝轻摇,花儿开放,布谷、蜜蜂、燕子在欢唱,同时配上《春之歌》的音乐,实物旁显示红色的生字。这个小动画仿佛将学生带入了一片迷人的春光之中,让他们产生了强烈的情感共鸣。这不仅激发了学生的学习兴趣,也增强了他们的内在学习动机。

(2)字形演化。识字教学的主要任务是帮助儿童突破字形关,培养他们辨析字形的能力,并帮助他们掌握书写汉字的基本技能。通过多媒体课件,可以将原本抽象的方块字转化为生动的图画,将需要记忆的知识转化为有趣的形象,从而显著提升学生的识字效果。

形象字识字法。形象字识字法通过将生字编成故事来帮助儿童理解和记忆。例如:一个人走路走累了,正好看到路边有棵树,便靠在树上休息,这就是"休"字。有人听到门外有动静,便把耳朵贴在门上仔细听,这就是"闻"字。

以旧带新识字法。这是识字教学中最常用的方法之一。合体字通常由两个或两个以上的部件组成,虽然笔画较多,但通过拆分记忆,就显得简单明了。例如,"熟"字可以解释为丸子放在水里煮,发出香味,就是"熟"。

比较识字法。汉字中有许多字在字音、字形上非常相似,但字义却相差甚远。如何区分这些字呢?可以通过比较法学习这些字,即将这些字写出来进行对比。例如,请、情、晴、清可以编成儿歌:"言来互相尊重,心至令人感动,日出万里无云,水到纯净透明。"通过字形、字义的比较,再结合组词,学生更容易记住这些字。

偏旁识字法。在学生掌握部分合体字的基础上,他们通常能理解常用偏旁的含义。木字旁多与树木相关,如松、柏、桦、树;三点水多与水相关,如河、清、湖、海;反犬旁多与动物相关,如猫、狗、狐、狸;提手旁多与手的动作相关,如提、抬、挑、担。学生通过偏旁了解字义,再结合声旁推测读音,就能快速掌握新字。这种方法不仅能提高识字效率,还能激发学生的认字积极性。

识字教学的方法多种多样,但如何从众多方法中找到适合不同阶段学生学习的方法,仍需不断探索。为了全面、快速地提升学生的综合素质,教师需要展开更多创新与尝试。小学低年级识字教学是一项长期而艰巨的任务,需要教师在实践中运用智慧,不断总结和改进教学方法,帮助学生轻松、愉快地掌握汉字,为今后的阅读和写作打下坚实基础。

　　总之,教学的目标是"教是为了不教",授人以鱼不如授人以渔。低年级学生要认识大量的生字,这对他们来说难度很高。为了让学生掌握得更牢固,教师不仅要教学生认读生字,更要教会他们如何学习生字,实现从"学会"到"会学"的转变,让学生掌握学习的主动权,提高学习效率。教师应充分发挥主导作用,结合学生的思维特点,调动学生的多种感官,使学生积极参与识字教学。教师也要从学生的主体需求出发,鼓励他们大胆想象和实践,让他们在成功中体验喜悦,增强学习的自信心。

　　在课堂上,教师要善于利用教材,采用有效的教学方法,始终以学生为本,创设自主学习的条件和氛围,激发学生的学习兴趣,将学习的自主权交给学生。同时,教师应将学生的个体差异视为一种积极因素,引导他们进行个性化学习,满足不同学生的需求。只有这样,学生才能逐步独立,主动学习新知识。只有学生积极参与识字教学,课堂教学效率才能不断提高,真正实现"快乐识字,快乐学习"的目标,让低年级识字教学焕发出生命的活力!

如何激发学生的写作兴趣

对于许多学生来说,作文之所以令人头痛,正是因为作文尚未激发他们的兴趣。兴趣恰恰是写好作文的起点。要提升作文教学的成效,语文老师必须千方百计地培养学生的写作兴趣,让他们从被动写作转向主动写作,逐步爱上写作。作文教学是小学语文学科的重要实践基地,也是实施素质教育的重要途径。作文教学质量的高低直接影响着学生语文素养的高低。因此,激发学生的写作兴趣至关重要。只有当学生感受到写作的乐趣和意义,他们才能真正投入其中,写出有思想、有情感的文章。

一、注意观察,再现情景

许多学生为作文犯愁,总觉得无话可写。究其原因,主要是学生脱离了实际生活,缺乏对生活的观察和体验,头脑空空,写不出真情实感。为了完成任务,他们只能生编硬套,甚至用废话凑字数,像挤牙膏一样勉强成文。这样的作文往往偏离题意。

一篇优秀的作文之所以优美生动,关键在于作者对生活的细致观察和深刻感悟。例如,峻青在《海滨仲夏夜》中写道:"夕阳落山不久,西方的天空,还燃烧着一片橘红色的晚霞。大海也被这霞光染成了红色……"这段描写之所以逼真形象,正是因为作者抓住了海滨夏夜的特色,通过"橘红色""染成了红色""燃烧"等词语,生动地描绘了晚霞和海水的色彩。为什么峻青能把海滨夏夜的景色写得如此逼真呢? 正是源于作者对生活的深入观察。

因此,在作文教学中,教师应鼓励学生认真观察生活,用心感受生活,挖掘生活中最能打动人心的素材,写真人真事,抒真情实感。"必须寻到源头,方有清甘的水喝。"这"源头"就是五彩缤纷的生活。只有让生活成为学生的创作源泉,他们才能写出有血有肉的文章。为了帮助学生积累素材,我常常引导他们感受生活。通过有目的、有计划的活动,如参观、访问、调查、实践,甚至漫画鉴赏,让学生动手操作、动眼观察、动耳倾听、动嘴交流、动脑思考。这样,学生在活动中有所准备、有所留心,活动后便能将所见所闻、所思所感落实到作文中。有了这样的积累,学生在写作文时自然有话可说,有内容可写。

二、积累材料,迁移运用

许多学生对作文望而生畏,觉得无话可说、无物可写。要解决这一问题,关键在于积累写作素材,而积累素材的重要途径之一就是多读课外书。杜甫曾说:"读书破万卷,下笔如有神。""破万卷"强调读书要多,只有广泛阅读,才能积累深厚的知识,突破知识的局限,让思维更加活跃。然而,仅仅多读还不够。韩愈曾说:"学以为耕,文以为获。"阅读是写作的基础,没有读的"耕耘",就没有写的"收获"。因此,学生在阅读时不仅要熟读深思,还要融会贯通,将所读内容内化为自己的"源头活水",并学会迁移运用。只有这样,学生写作时才能思如泉涌。

除了阅读,学生还应学会从其他学科和生活中积累素材。例如,学生可以将自然课的实验过程和所学知识写成作文。针对学生"饭来张口、衣来伸手"的现象,教师鼓励他们参与家务劳动,并据实写作,记录过程或感受。通过参与集体劳动,学生可以记录劳动中的所见所闻,或评论劳动中的人与事。教师可以组织学生参观名胜古迹,让学生提前了解所要去的地方并在旅游结束后写一篇游记。教师也可以组织学生参观展览馆、博物馆、俱乐部等场所,让学生将所见所闻写成作文。通过多种形式的积累,不仅能丰富学生的写作素材,还能激发他们的写作兴趣,使学生逐步克服对作文的畏惧心理。

三、以说促写,说写一致

在日常生活中,我们常常发现一种现象:有些学生说话时滔滔不绝,但写作文时却无从下笔。原因何在？因为"说"在生活中实践较多，"写"却缺乏足够的练习。没有实践，又怎能灵活运用呢？因此，在写作训练中，教师可以采用先说后写的方法。具体来说，教师让学生在写作文前先构思，然后将要写的内容口头表达出来，再落实到笔头。这种方法帮助学生将说与写有机结合，做到怎么说就怎么写。通过这种先说后写的练习，学生不仅能提高口语表达能力，还能在口头叙述中梳理思路，使书面表达更加中心明确、条理清晰。

四、多多借鉴，文思涌来

学生觉得作文难写的症结往往在于不知写什么。因此，教师需要适时帮助学生打开思路，让文思自然涌来。在作文课上，首先我会引导学生谈谈对作文题目的理解，鼓励每个人都发言，通过讨论，学生的理解会更加深入。对于他们提出的好观点，我会及时写在黑板上。接着，我会让学生说说如何写这篇作文，帮助他们开阔思路，找到切入点。最后，我会为学生朗读一些与题目相关的优秀范文，为他们提供借鉴。这种教学方法不仅能唤醒学生的写作欲望，还能将他们引入写作的情境中。

借鉴是人类学习和掌握技能的重要方法之一，其特点是针对性强，既能降低学习难度，又能获得显著效果。对于初学写作的学生，我鼓励他们模仿和借鉴范文，同时也强调在借鉴中融入创新。通过借鉴，学生不仅能拓展思路，还能逐步掌握写作技巧，从而激发写作兴趣。

五、学会修改，精益求精

叶圣陶先生曾说："'改'与'作'关系密切，'改'的优先权应属于作文的本人。"然而，传统的作文教学却要求老师对学生的作文精批细改。这种模式不仅束缚了老师，也让学生处于被动地位。正如叶圣陶先生所说："学生的作文教师改，跟教师命题学生做一样，学生都处于被动地位。能不能把古来的传统变一变，让学生处于主动地位呢？"因此，我在作文教学中尝试将评改权还给学生，让他们直接参与评改，体会"文章不厌百回改""精自改中来"

的真谛。通过自我评改,学生不仅能对自己的作文进行二次提升,还能从中感受到修改的乐趣。在此基础上,我进一步引导学生互改作文。每次互改都要求当堂完成,作文收上来后,我会根据学生的不同水平有针对性地分发下去,确保每次批改者和被批改者都不同,以保持新鲜感。在互改过程中,我要求批改者尊重他人的劳动,做到有眉批、有评语,并在最后署上自己的姓名。改好后,批改者将作文交还给对方,双方可以就批改意见进行探讨,甚至写一篇"作文后记",谈谈自己的写作意图和对批改的感受。这种方式不仅让学生更加认真对待批改,还促使他们学习他人的写作方法。许多学生对同学批语的关注程度,甚至超过了对教师批语的关注。

通过互改,学生增强了发现错误的能力。同时,他们的写作主动性和积极性也得到了显著提高。这种以学生为主体的评改方式,远比教师的精批细改更有效果。

六、鼓励写作,激发兴趣

学好一种技能,兴趣至关重要。它是获取知识、进行创造性创作的自觉动机,是鼓舞和推动学生写作的内在动力,也是提高写作水平的重要途径。因此,在作文教学中,教师要注重激发学生的写作兴趣。例如,在六一儿童节期间,学校组织了贴鼻子、拔河、猜谜语等丰富多彩的活动。学生亲身参与,兴致勃勃。这时,我鼓励他们将自己的体验写下来,学生非常愿意写。通过这样的方式,学生不仅感受到写作的乐趣,还逐渐培养了写作的兴趣。长此以往,他们对作文的态度从"畏难"转变为"乐写"。总之,在作文教学过程中,教师应努力激发学生的写作兴趣,引导他们热爱写作,掌握写作方法。只有这样,那些看似"老大难"的作文题目,才能变成学生眼中的"小儿科"。

通过评改作文激发学生的写作兴趣

作文教学通常从作文指导开始，但面对六年级某一差班学生的作文现状，我陷入了深思。为了在有限时间内提升他们的作文水平，我在研究学生作文、分析学生知识差缺的基础上，决定打破常规，从作文评改入手，辅以引导观察、打高分、开辟作文第二课堂等方法，以激发学生的写作兴趣。这一尝试取得了显著效果。学生从怕写作文转变为乐写、会写，先后有13名学生的作文在少儿报刊上发表，还有2人在市级作文竞赛中荣获一等奖。我的具体做法如下所述。

一、在草稿上下功夫

学生写作文时常常喜欢"一锤定音"，草稿写完便认为大功告成，不愿认真修改，导致作文水平提升缓慢。针对这一问题，我将指导的重点放在评改学生的作文草稿上，帮助他们养成自改作文的习惯。

为了培养他们自改作文的习惯，我采用了以下方法。一是激发学生的修改意识。通过讲述古人锤字炼句的故事，向学生传达"好文章是改出来的"这一道理，提高他们修改草稿的自觉性。二是指导修改方法。根据作文题目的难易程度，我会简要提示写作要求、可选材料及注意事项，并给学生充足的时间搜集素材、构思和撰写草稿，避免让他们在短时间内仓促完成作文。这有助于培养学生认真写作文的习惯。三是示范评改。作文草稿上交后，我先粗略浏览，选出好、中、差作文各一篇，在课堂上进行示范评改。随后，学生运用所学方法自改作文，写得不好的还需重写。四是二次讲评。学生将修改后的作文上交后，我再次批改并讲评，重点表扬修改后有进步的学生。虽然这种指导方式增加了教师的工作量，但它贴近学生的实际需求，能有效提升他们的作文水平。

二、优秀生着重"评"

在作文评改中,我贯彻因材施教的原则,根据学生作文水平的差异,采取不同的评改策略。我对优秀生以"评"为主,对中差生以"改"为主。优秀生的作文已有一定基础,教师需要在立意、结构等较高层次上加以提升,因此我注重在写作方法上给予指导,起到锦上添花的作用。

教师应讲评优秀生作文,因为它的示范作用能带动全班学生的进步。每次作文课,我都会挑选一两篇较好的文章,进行讲评。起初,我只讲优点,不讲缺点,目的是激发学生的写作兴趣,增强他们的信心。

兴趣是最好的老师,鼓励是最有效的方法。我发现,经过两次以上评讲的学生,他们对待作文的态度明显更加认真,更加希望自己的作文能再次获评。为了扩大优秀生的范围,我采用"滚雪球"的方法,每次讲评都增加新的学生。同时,我还组织这些学生开展丰富的作文课外活动,如办作文园地、开展作文竞赛、编选优秀作文集、读书评报、写观察日记、向报刊投稿。这些活动不仅培养了学生的写作兴趣和能力,还迅速团结了一批热爱写作的学生。他们的进步对中差生起到了极大的鼓舞作用。

在此基础上,我进一步调整评改方法,从以教师评改为主转变为以学生评改为主。我将好作文的标准编成易懂易记的"三字歌":主题好,选材新,感情真,写具体,段落明,语句通,用词好,无错字。这样,学生在评改作文时有据可依,简便实用。

三、差生着重"改"

差生作文水平低主要是因为他们知识不足,而这种不足并非一日形成的。久而久之,他们便产生了怕写作文的心理障碍。要提高差生的作文水平,教师首先要帮助学生克服这种心理障碍,其次要给予他们具体的帮助,使他们逐步走出写作的困境。

对于差生的作文,我主要采用面批面改的方式。每个学期每个学生面批面改两次。面批面改时,我坚持两点原则:一是逐句逐词批改,绝不马虎;二是要让学生感受到老师的真诚与耐心,不歧视学生,善于发现他们的进步并及时给予鼓励。

每次批改后,我总会在作文末尾写上几句鼓励的话,如"你进步了,难能可贵""祝贺你进步了,你是有能力写好作文的"。这些简短的话语往往能产生意想不到的效果。曾有一位学生对我说:"其实我们有点害怕作文,但又想写好作文,不想让老师失望。"

四、评改共有的毛病

为了增强评改的实效性,我准备了评改手册,专门记录学生作文中的共性问题。我发现,以下问题对学生的影响很深,且十分顽固,必须采取强制措施才能有效纠正。

(一)三段式问题

对于初学作文的三年级学生来说,三段式的要求是必要的。但到了高年级,如果学生仍然只会三段式写法,就会使作文缺少创意。因此,我要求作文的中间段落必须层次分明,内容丰富。

(二)开头结尾模式化

在写参观游览类文章时,许多学生的开头总是千篇一律地写:"我们站好队,在老师的带领下……"结尾则写:"参观结束,我们排着队回家了。"为了让学生认识到这种写法过于平淡,我让他们每人带一本作文选,看看入选作文中有几篇是这样开头结尾的。结果发现,没有一篇入选作文采用这种模式化的写法。从此,学生们逐渐改变了这种僵化的写作方式。

(三)描写人物外貌模式化

在描写人物外貌时,学生往往采用"千人一面"的模式,男孩总是大大的眼睛,圆圆的脸,两腮各有一个小酒窝。女孩则是红红的小脸,乌黑的头发,扎着两只羊角辫。为了纠正这种写法,我选取了班上一位同学的作文开头段落作为范例,让学生进行评讲。开头写道:"烈日下,一个十一二岁的小男孩在田埂上奔跑。他那被毒辣辣的太阳晒得黝黑,身上穿着一件旧的红背心,下身穿一条短裤衩,不时用手抹去头上的汗珠。他就是暑假我在姥姥家认识的小伙伴——玉国。"

通过讲评,学生明白了这段文字之所以生动形象,是因为作者抓住了人物的特征,而不是单纯地描写外貌。从此,学生逐渐克服了"千人一面"的写作模式。

学生如同一朵朵娇嫩的花朵,教师需要用心呵护,让这些生命之花开得更加鲜润灵动、芬芳绚丽。因此,要提高学生的写作水平,教师必须精心设计每一堂作文讲评课,让讲评成为学生写作进步的阶梯。

反思感悟篇

习近平总书记强调:"大道至简,实干为要。"校长要脚踏实地,埋头苦干,不驰于空想,不骛于虚声,更不做表面文章,不耍花拳绣腿,守护学校的安静。心安神静,智达慧开。只要教师坚守教书育人是学校的根本使命,校长就能安静下来;校长安静了,学校就不会折腾了;学校安静了,教师的心就平和了;教师安静了,课堂就正常了,教书育人的目标也就逐步实现了。

正如一句话所说:"教育是一个静待花开的过程,需要时间的检验。"这个时间可能是三年、五年、十年,甚至三十年。教育的成果可能不会在短期内被完全认可,因为孩子的心智尚未成熟。教育的真正价值在于学生在教师的引导下得到了不同程度的成长和发展。无论如何,教育是一项慢工程,教师需静下心来,为每个孩子未来十年、二十年甚至更长时间的发展打下坚实的基础。

我认为,校长必须真正静下心来做教育,做一个安静的校长,同时也要做一个有人格魅力的校长。心静了,魅力自然就来了。教育家陶行知曾说过:"一个好校长,就是一所好学校。"校长是学校管理的核心,是学校的旗手,是掌舵人,更是带领全体教师进行创造性劳动的组织者。

一个有人格魅力的校长不仅是学校的灵魂人物,更是师生学习和成长的榜样。因此,我始终以"做一个有人格魅力的校长"为座右铭。

玉兰文化润心灵，多措并举谋发展

山东省临沂银城小学秉承"做有温度的教育，成就师生幸福人生"的办学目标，以"玉兰文化"浸润师生，以精致管理服务师生，以多彩活动温暖师生，致力于培育德艺双馨的阳光少年，实现学生快乐发展、教师幸福发展、学校特色发展、教育和谐发展。

作为一所公办小学和市级规范化学校，银城小学坚持"立德明志，善学进取"的办学理念，确立了"立德立诚立信"的校训，形成了"勤奋互助情怀"的校风，"激励、唤醒、鼓舞"的教风以及"合作、创新、求实"的学风。学校充分发挥办学特色，持续丰富育人内涵，努力营造"学生快乐发展、教师幸福发展、学校特色发展、教育和谐发展"的育人环境，倾力培养自信独立、勤奋励志、德艺双馨的阳光少年。

一、核心理念谋发展

文化与教育相伴而生、相随而行。银城小学建校时种下的玉兰树挺拔摇曳，一树花开，满园芬芳。学校领导班子结合办学历史和校情，经过充分调研和讨论，把玉兰定为校树，把玉兰花定为校花，同时努力挖掘其文化内涵，精心提炼出"玉兰文化"的核心理念：公开、公平、公正，敬业、奉献、担当，互帮、互信、互重，团结、合作、共赢。

学校要求全校师生将校园文化深深根植于心中，落实到具体行动中。学校努力创建"玉兰树下党旗红"党建品牌，并在玉兰花开时节组织师生开展以"让每一朵生命之花幸福绽放"为主题的玉兰花开系列实践活动，师生漫步于校园中，悠然欣赏着玉兰花那优雅的姿态、纯洁的色泽。学校通过挖掘玉兰花语、寓意及玉兰相关的传说故事、名人诗词等开发出独具特色的校本融合课程,在知玉兰、识玉兰、赏玉兰、画玉兰、诵玉兰的过程中,师生的爱校意识日益强烈,崇尚自然、追求美丽的情感也如同种子般在心底落地生根;同时,学校开展了"最美班级"评选、"最美诗歌朗诵创作大赛"、校园文化艺术节等系列活动,让文化以润物细无声的姿态浸润孩子多彩的童心。

二、精致管理提效能

为推进学校精致化发展,深化内涵建设,银城小学在"精"字上动脑筋、在"细"字上做文章、在"实"字上下功夫,促进学校常规管理规范化、制度化。

学校引导全体教师牢固树立服务意识和奉献意识,确立全员参与的管理理念,将管理责任明细化、具体化、清单化,切实做到人人有事做,事事有人做,专业的事由专业的人来做。通过变一人管理为大家管理,实现权力层层有、任务个个担、责任人人负,真正达到人人会管理、处处有管理、事事见管理的目标,让教师积极参与学校管理,提升自豪感、责任感和使命感。

为培养学生的自主管理能力,学校积极探索自主自治、精致精彩的管理机制,建立人人是主人、个个有责任、人人有事管、事事有人管的学生自主管理责任制。通过开展"小主人"系列活动,如学生管理轮值岗、餐厅分餐员体验、高低年级结对帮扶,让学生在担当中生活、在做事中成长,激发其内在的情感需求,在学生心底埋下责任的种子,实现学生管理自主化。

三、研教相长促提升

为全面落实"双减"政策,银城小学聚焦提质增效主题,推行"331"工作常规检评机制,落实学校工作常态化、规范化、细致化。"331"中的第一个"3"指推门听课、班主任跟班听堂、听采(通过校长信箱收集、梳理、研究、采纳、答复师生和家长的意见和建议);第二个"3"指查常规、查行为、查卫生;"1"指"一晒",即晒工作、亮不足。学校定期对科室工作、教师教学、学生学习等情况进行总结通报,接受全校师生监督,不断改进问题和不足,真正实现精细化管理。

为促进教师专业发展,提升其业务能力,学校积极创新校本教研模式,调整集体备课方案,建立"三课两反思一主题"的校本教研新机制。其中,"三课"指原生课、再生课、成长课,"两反思"指介于原生课和再生课、再生课和成长课之间的两次反思,"一主题"指将课程研究的重点环节提炼为一个主题,形成公开课。学校打造基于"学本"的"三生三动"(三生指生态、生长、生活,三动指主动、生动、互动)课堂新样态,引导学生在课堂上自主参与、独立思考、合作探究。

教师是学校发展的关键力量。学校实施"青蓝工程",充分发挥骨干教师的"传帮带"作用,有效促进了青年教师教育教学水平的快速提升,努力打造一支高素质、专业化、创新型的教师队伍。学校积极推动"玉兰书香"读写一体化工程建设,组织师生共读,开展全员阅读行动,以阅读引领师生成长。

四、实践活动助成长

综合实践活动是学生成长成才的有效途径。银城小学坚持以人为本,开展丰富多彩的校园文化活动,提高学生的团体协作能力和创新能力,让师生在活动中学习,在求知、求美、求乐中潜移默化地受到启迪和教育,为校园注入生机与活力。为进一步提升学生的综合素养,学校坚持快乐成长不动摇的育人理念,以"体育、艺术2+1"为目标,开展形式多样的社团活动和课程,包括演讲比赛、歌咏比赛、文艺汇演、读书征文活动、诗歌朗诵比赛、经典文化诵读活动、足球联赛等各类实践活动,努力为学生的健康成长和全面发展提供适合的平台,真正让他们在实践中锻炼、在活动中成长。

"做有温度的教育,成就师生幸福人生"一直是银城小学不懈追求的目标。今后,学校将继续以内外兼修的"玉兰文化"浸润师生,以精致管理服务师生,以多彩活动温暖师生,引领教师做有理想信念、有道德情操、有扎实学识、有仁爱之心的好教师,培养学生做"勤学、修德、明辨、笃实"的好学生,以"种得桃李满天下,心唯大我育青禾"的情怀坚定信心、勇担使命、踔厉奋发,推动学校教育高质量发展。

让学本之花在常态课中绽放

临沂高新区首届基于"学本教学改革"的校长论坛在临沂第二十九中学如期举行。活动中,各学校校长围绕主题,畅谈观点与做法。随后,专家对各校校长的发言进行了点评。这次论坛满满的都是干货,让与会人员收获颇丰。

在听完各位校长的发言和专家报告后,我得到了两点启示:一是要想推动学本课堂教学改革走深走实,就必须立足常态课、聚焦常态课,在常态课中全面推行学本教学,从而推动教育高质量发展;二是要强化课堂主阵地的作用,让每一位教师都能上好每一节常态课。

一、立足常态课

常态课堂是教师提高教学质量的主阵地。教学的最高境界是真实、朴实、扎实。课堂一定要回归真实,教师简简单单地教知识,本本分分地为学生,扎扎实实地求发展。常态课堂正是抵达教学最高境界的阵地。

常态课不同于公开课。如果说公开课是"满汉全席",那么常态课则是"家常菜系"。大饭店的名菜固然色香味俱全,偶尔品尝一次确实不错。但真正能伴随我们日常生活的还是家常菜。

(一)主导与主体要分清

在常态课堂教学中,学生是课堂的主体。学生要忙起来,教师要把80%的课堂时间还给学生。教师在常态课堂中需要做好四件事:组织、管理、激励、示范。教师在管理全体学生时,要关注个体;在管理个体时,要兼顾全体。教师的激励要具体,针对具体人的具体行为,避免空话套话,最好能够感染周围的学生。教师要用自己的亲和力感染课堂中的每一位学生。

（二）学科内涵要抓住

第一，常态课要抓住学科最本质的内涵。例如，语文课要抓好语文要素的落实，充分利用课文，让学生多读、多背、多写。教师只有在课堂中有效地进行要素训练，才能帮助学生举一反三，灵活运用所学知识。学生的语感和能力正是通过一节节常态课不断提升的。数学课要注重计算题的教学与练习，培养学生的思维习惯；英语课则要注重口语练习，创设英语学习的氛围和环境，突出趣味性。这些都是学科的基础，也是培养学生学科素养的重要依托。第二，常态课离不开传统的教学手段。讲授、板书、板演等传统教学手段在课堂教学中发挥着不可替代的作用。这些手段不仅是传递知识的有效方式，也是帮助学生理解和掌握学科核心内容的关键途径。

（三）学科教研要求实

学校平时开展的推门听课活动、集体备课和学科教研活动，都应立足常态课。通过对常态课的听评、打磨和研究，让老师们更深刻地认识到教学必须立足课堂主阵地。这些活动不仅能促进教师之间的相互学习、相互借鉴，还能为高效课堂指明方向，从而提升教师的专业素养。

二、转变模式求发展

很多人认为，要提高考试成绩，就必须牺牲学生的休息时间和其他兴趣爱好，让学生每一分每一秒都用在学习上。实际上，许多学校也正是这样做的。然而，我并不认同这样的看法和做法。在传统的应试教育模式下，学生通过强化训练，或许能攀上分数的高峰，但这种方式的弊端也非常明显。当需要用创新的方法解决问题时，那些靠强化训练取得高分的学生往往束手无策。由此可见，培养学生的能力，教会他们综合运用知识解决问题的方法，比单纯记住知识本身更为重要。

我认为，要想真正改变学校、改变教师、改变学生，还是要从改变教学模式入手。

（一）深化学本动起来

"以学生深度学习为本、以学生素养发展为本"的学本课堂，真正让课堂中的学生活了起来。在自学环节，学生通过独立学习，培养了阅读理解能力以及写、画、算的能力；在互学环节，学生通过充分讨论，培养了创造性思维能力、口语表达能力和合作能力；在展学环节，学生通过小组合作完成展示，培养了写、画能力以及口语表达能力，同时在解答其他小组学生的质疑和追问的过程中，进一步培养了随机应变的能力。

（二）作业分层活起来

人与人是存在差异的。学生是一个个鲜活的个体，每个人都是独一无二的，拥有独特的个性、兴趣、能力和学习需求，发展轨迹也各不相同。教师应让每个学生在自己已有的基础上，从不同的起点出发，获得最优的发展。针对不同层次的学生，教师应设计不同难度和层次的作业，让好、中、差的学生都能在不同层次的作业中获得相应的知识，在原有基础上取得不同的进步。

（三）学本思想用起来

银城小学一直在坚持使用学本教学，一些年轻教师对此充满热情和干劲。我想，他们坚持的背后是对学本教学的信任，这种信任是笃定而真诚的。有一次，我听二(2)班的数学课时，没有提前打招呼，直接推门听课。我一直强调听常态课，所以从不提前通知。在那节课上，该班的学生在展学环节表现得非常出色，整个过程非常真实。课后交流时，我问老师："你是不是提前专门排练过？"她回答说："真的没有，因为平时上课就是这样做的。每节课备课时，我都会专门设计学生展学环节，预设好哪些知识点让学生展学。学生经常这样训练，时间长了，效果自然就出来了。"听到这里，我感到非常欣慰，为老师的精心、用心和专心而感到高兴。

（四）师本理念树起来

美国现代管理学之父彼得·德鲁克在《21世纪的管理挑战》一书中说："体力劳动者需要管理者明确告诉他们如何做，才会有生产力；但脑力劳动者只需要管理者给他们一个明确的目标和自主权，就会产生生产力。"因此，学校不应过度限制教师的工作。学本教学的前提是师本，只有让教师以自发、自主、自愿的态度去改革课堂教学，才能真正引领学生的学习革命。

设想一下，如果教师每一节课都能做到课前精心备课，以学本教学理念为指导；课中突出以学为本、以生为本的理念，注重因材施教、面向全体等方法；课后精心设计作业，注重科学分层，并认真批改作业，补差培优。那么，成绩肯定会好。

无论是"双减"政策，还是"学本"课程改革，最终指向的都是教育质量，追求的都是学生核心素养的培养。立足常态课堂，关注学科核心素养，着眼学生长远发展，以成绩为基础，以素质为根本，以中华优秀传统文化铸魂，为党育人，为国育才，这是每一位教育工作者为之奋斗终生的目标和神圣使命。

教学改革总会遇到瓶颈期。越是这种时候，越要坚持下去，沿着正确的道路坚定前行，最终一定会有收获。打造教育高地，决不能仅仅停留在口号上，而要落到实处。这就需要教育工作者紧紧抓住学本教学改革的"牛鼻子"，让学本之花在常态课堂中美丽绽放！

"听"建议,"悟"智慧

——再读《给教师的建议》有感

近期,我重读了苏霍姆林斯基的《给教师的建议》一书。经典总是百读不厌,每次阅读都有新的收获。我深深被苏霍姆林斯基的教育智慧与魅力所折服。同时这本书也为个人的教育教学管理工作带来了新的思考与借鉴。

毫无疑问,苏霍姆林斯基是著名的教育理论家和教育实践家。在漫长的教育生涯中,他始终坚定不移地扎根于学校教育一线。他所领导的帕夫雷什中学堪称一座教育的神圣殿堂,成为教育实践的楷模。在这里,他将自己的教育理念全方位、精细化地付诸实践,并取得了丰硕的成果。虽然我未曾亲临帕夫雷什中学,但通过阅读他的专著以及其他学者专家的介绍,我对这所学校有了深刻的了解与认识。从精心营造充满人文关怀和美感的校园环境,到独具匠心地构建科学合理且富有创新性的课程体系;从对学生个体无微不至的成长关怀,到对教师团队专业化、系统化的培养,每一个环节都展现出他对教育实践的深度掌控与创新探索。在他的引领下,帕夫雷什中学的教育实践成果斐然,为国际教育界树立了典范,也让他的教育思想得以广泛传播。

苏霍姆林斯基强调"没有爱就没有教育",深刻地揭示了教育的本质与核心。教师要真正爱学生,与学生建立真挚、互信、平等的关系。苏霍姆林斯基说:"随着岁月的流逝,我愈加坚定了一个信念——对孩子的依恋之情,这是教育修养中起决定作用的一种品质。""现象学教育学"的开创者之一马克斯·范梅南也曾说:"教育学,就是迷恋他人成长的学问。当我们真正把职业当成爱好,深深地依恋孩子、痴迷于孩子的成长,那也许就是最美好的教育吧!"国内两位教育家也对"爱"的教育价值提出了深刻的见解。李希贵校长指出:"如果教师不喜欢自己的学生,那么他的教育还没开始,就已经结束了。"李镇西校长则是一位真正"把教育当爱好、把爱融入骨子里"的教育家。他认为:"没有水乳交融的师生关系,就不可能有教育。"

近几年,为我们所熟知的"丑小鸭中学"和校长詹大年,分别被李镇西称为"一所难以置信的学校"和"一位不可思议的校长"。詹大年校长名片上的自我介绍是"问题孩子他爹"。他的教育理念是"好的关系,才是好的教育"以及"不放弃每一个孩子,因为每一个孩子都可以拥有属于自己的幸福人生。"

基于此,作为一名基层学校管理者,我应引领教师以爱为基石,构建良好的师生关系。爱学生,从深入了解他们的需求、兴趣与困惑开始。教师要关注个体差异,让每个孩子都能在充满爱的环境中茁壮成长。教师需要用爱心去发现学生的闪光点,激发他们的学习热情与潜能,使教育不仅是知识的传递,更是情感的交流与价值观的塑造。在日常教育管理中,校长要积极营造充满爱的校园文化氛围,让学生和教师都能真切感受到爱的存在,努力将校园打造成充满爱与温暖的育人之地。学校还要定期组织教师培训,强调爱的教育的重要性,让老师们深刻理解并践行以爱育人的理念。同时,学校还要建立有效的沟通机制,及时了解学生的情况,对在学习或生活中有困难的学生,给予特别的关爱和帮助。在课程设置方面,校长要鼓励老师设计充满爱的教学活动,让学生在学习中感受到被尊重、被理解、被关爱。同时,学校要构建丰富多元的评价机制;建立教师人文关怀机制,关注教师的身心健康、生活困难和工作需求,让他们在充满爱的工作环境中,能够全身心地投入教育教学,将爱传递给学生。

苏霍姆林斯基曾说:"道德是照亮全面发展的一切方面的光源。"这句话深刻揭示了德育的重要性。德育为智育提供了方向指引。正如他所言:"对周围世界的美感,能陶冶学生的情操,使他们变得高尚文雅,富有同情心,憎恶丑行。"当学生心怀道德之美,他们就会以正当的方式运用知识,去追寻真理与美好,而不是将智慧用于投机取巧或损害他人。由此可见,德育在智育、体育、美育、劳动教育等各个教育维度中都具有不可替代的作用。

校长在落实"德育为首"的理念时,要将"为谁培养人、培养怎样的人、怎样培养人"与之紧密结合。例如,在学校教育中,教师期望培养出的学生能够在面对困境时展现出坚韧不拔的道德意志,在与他人相处时体现出尊重和关爱的道德行为。这种以德育为首的培养目标,能够塑造出将知识和技能用于正途的并对社会和他人有益的人。我们要通过具体的工作实践,将"德育为首"的理念落实到行动中。学校要营造优良的德育氛围,从校园文化建设到课程设置,都要凸显德育的重要性,可以在校园中设立品德榜样宣传栏,在课程中挖掘各学科的德育资源。同时,学校还要发挥家校社协同育人作用,家庭是孩子道德成长的首要课堂,父母的言传身教至关重要;社会环境则提供了更为广阔的道德实践场所,如社区服务、志愿者活动。通过这些方式,将德育贯穿于培养人的整个过程,让学生在道德的滋养下全面成长。

苏霍姆林斯基非常重视家庭教育的作用,并提出过许多真知灼见:"教育的效果取决于学校和家庭的教育一致性。如果没有这种一致性,那么学校的教学和教育过程就会像纸做的房子一样倒塌下来。""教育的最大秘密就是学校和家庭的结合。"由此可见,家庭和学校犹如教育的双翼,二者缺一不可。从学生成长的视角来看,只有学校教育而没有家庭教育,或者只有家庭教育而没有学校教育,都无法完成培养人这一极其细致、繁杂的任务。学校和家庭各有其独特的教育环境和教育方式。学校能够提供系统的知识传授、集体生活体验和专业的教育指导;而家庭则是孩子情感的避风港湾,能给予最真挚的爱与关怀,并在道德观念、行为习惯的早期培育上发挥不可替代的作用。唯有两者紧密协作,才能让学生在知识获取、品德修养、人格塑造等各个方面获得全面且协调的发展。

从2022年实施的《中华人民共和国家庭教育促进法》到2023年教育部等十三个部门联合印发的《关于健全学校家庭社会协同育人机制的意见》,再到2024年国家十七部委联合印发的《家校社协同育人"教联体"工作方案》,无不体现出国家对家校社育人的重视,以及家校社协同育人的重要性。教育管理者既要了解政策、学习理论,更要将政策和理论落实到行动中。学校要积极搭建家校沟通的平台,定期组织家长会、家长学校等活动,帮助家长树立正确的教育观念,掌握科学的教育方法。同时,学校要鼓励家长参与学校管理与教育教学活动,形成家校教育的合力,共同为学生的成长营造良好的环境。

苏霍姆林斯基还有许多理念值得我们细细品味、认真研读。例如,"没有也不可能有抽象的学生""阅读是对'学习困难的'学生进行智育的重要手段"。

"听"《给教师的建议》,"悟"教育的智慧!教育工作者应多读教育经典名著,努力汲取精神养分,并将其融入日常的教育教学工作,助力孩子健康快乐成长!

践行学本课堂理念,赋能师生协同成长

学本课堂是指以学生为中心的课堂,强调学生、教师共同参与学习过程,通过自主、合作和探究学习实现学习目标。其核心理念是促进学生的全面发展和终身学习能力的培养,注重学习者在学习过程中的主体地位和深度学习。为践行"以学定教、先学后教、多学少教、因学评教"的教学方法,建立新型的师生关系,立足学生个体发展,尊重学生的个体差异,学校积极开展了有效的教学实践,遵循以学生为学习主体和自我管理主体的新型学习观,助推学生主动性成长、实践性成长、差异性成长,打造师生协同成长的新样态。

一、培训学习,理论先行,让"学本"教学理念落地生根

思想是行动的先导,正确的教学思想是孕育新课堂的温床。如何打破教师教学的思维定势和旧有模式,必然要从思想入手。首先,学校积极组织教师参加培训讲座,严格执行"1+3"培训制度,即一次培训必须落实签到、学习笔记和心得体会的要求,确保老师们能够学得进、学得深。学校组织的八期报告从学本课堂的背景、环节、小组合作、优化策略,以及大单元教学设计与实施等角度,为我们描绘了一幅课堂改革蓝图。每一期报告都如同一场及时雨,解答了一线教师在课堂改革中的诸多困惑,让教师有了更明晰的思路和更明确的方法,对学本教学有了更深入的理解和认识。

其次,教师要认真阅读学本教学专著,在阅读中探寻学本教育的源头,领会学本教育的主张及教学模式,即"先学后教,互助展评",建立以主问题引导课堂、"导学精要"辅助教学的课堂模式。此外学本教学还强调从各方面优化小组合作,细化展学方式,并通过不同学段、学科的课堂案例,展示学

本教学课堂的成果和魅力。教师用理论武装头脑,为后续的学本教学实践奠定了坚实的思想基础。

二、制度保障,考核评比,让"学本"教学实践真实发生

为切实保证"学本"教学改革的深入、持久实施,学校成立了"学本"名师工作室和学科组"学本"论坛,制定了《关于推进学本教学改革的实施要求》。通过设计实施方案评估表、教学设计评估表、工作计划清单、一月一赛评估表、班级学本实施方案,层层深入,为学本教学改革提供制度保障。

积极、有效的考核制度是促进教师和学生努力改变的一剂强心针,能够充分调动师生工作和学习的兴趣与干劲。学校引导教师将学本教学理念和方法积极应用到课堂教学实践中,真正创建导学式自主高效课堂。通过开展学本先行课、推门听课、阶段展示课等,选出在课堂改革方面表现突出的老师参加优质课比赛,展示课堂改革成果,让老师们真真切切地看到学本教学对课堂和学生的改变,切身感受学本教学的效果,从而让老师们学有所想、想有所行、行有所获。

三、摸索前行,专题教研,让"学本"教学研究深入推进

在学本教学实践初期,不断摸索的过程让许多老师感到苦不堪言。对此,学校教研室严格管理,对推门听课、查课进行量化考核,对学本教学开展较好的班级和老师进行表彰,并让优秀教师分享经验做法,充分发挥学校和教研室的监督与管控作用。

实践出真知。在学本课堂的持续推进中,教师积极探究,开展学本教学专题会议,邀请学本教学效果突出的老师以及能够有效开展小组合作的学生进行现场合作展学。学科老师则分析学本教学的开展过程和方法。同时,老师们充分利用学科组"学本"论坛,在研讨时积极发表看法,交流问题,分享智慧,迸发思维火花,从而解决了许多问题。大家集思广益,博采众长,积累了许多宝贵经验。

以校本教研为依托,以课堂教学为切入点,精准发力,提高实效。从教

师当前面临的教育教学问题出发,积极开展教研活动,是提高学本教学能力的金钥匙。教师在自我反思和借鉴学习中,不断优化课堂,助推学本教学实践走向成功。

四、推优树先,特色鲜明,让"学本"教学绽放生命之花

在一系列学本教学实践推进中,部分老师积极思考,探索适合自己班级的学本方式,最终形成了班级特色。例如,语文课开展课前"飞花令"这一活动的灵感来自《中国诗词大会》。第一期的"飞花令"主题是"春",孩子们提前一天查找带有"春"字的诗句,为了避免重复,每个孩子至少要找 10 句,并在上课前进行诗句接龙。这一活动不仅让学生积累了大量的诗句,还激发了他们的竞争意识,调动了学习积极性。数学课则在课前设置三分钟的展示活动,每节课由一名学生到台上讲解一道习题。这不仅帮助学生复习了旧知识,也为学习进度较慢的学生提供了再次学习的机会。课前三分钟活动的开展,为学生搭建了展示自我的舞台,充分体现了学生在学习活动中的主体地位。每一次尝试,都让他们有了新的飞跃和积累。学本课堂让更多的学生成为课堂的主人,收获了属于自己的成长。截至目前,学校已有近 200 人次获得区级"小名师"称号,33 人次获得市级"数学小名师"称号。学生的自学能力、合作能力显著提升了,他们都能真正参与到学习中,学本理念已在师生心中悄然生根发芽。教师也借助学本这个平台,不断成长、收获。

"学本"理念让课堂更加灵动、高效、有深度。在精彩的师生互动中,学生思维的火花在课堂中蓬勃生长,教师与学生实现了学习目标的"双向奔赴"和个体发展的"协同成长"。

课堂教学改革是一条没有终点的探索之路。在这条路上,教师要坚守初心,工作中行思相济,教学上砥砺深耕。我们将不断内化"学本理念",努力践行"学本经验",持续提升教师的素质和业务水平,推动学校的教学质量迈上新的台阶。

"一说二写三定",锚准集备制高点

开学以来,我一直在坚持听课,每周至少三节。我边听边思考:到底怎样才算一堂好课? 好与不好的标准到底是什么? 答案是:好与不好的关键在于学生是否学会了知识,学生解决问题的能力是否提高了。试问,一堂课上,如果学生没有学明白知识,也没学会解决问题的方法,怎么能算是一堂好课呢? 由此,我想到了教学的两个基本要素:基础知识和基本技能。无论课堂怎么改革,形式怎么变化,这两个基本要素是绕不开的。

备课对教学至关重要。备课充分的老师只需一节课就能给学生讲清楚知识点,而备课不充分的老师则需要多节课甚至练习、考试来强化、矫正和巩固知识点。听课、评课的目的是发现问题,而发现问题是为了更好地解决问题。教师要充分利用每周的集体备课时间,这个时间真的太宝贵了!

目前,学校集体备课的现状是:一人说,多人听,听完再讨论讨论,就结束了。有的老师甚至连课本都不带。还有的老师上课用的课件是从网上下载的,改动很少,上课就是播放课件,课件放完,课就结束了。这样的上课方式阻碍了老师的成长。

如何避免过分依赖课件,让老师的脑子转动起来? 回想起以前没有网络、没有这么多资源的时代,那时候的老师是真看课本、真看教师参考书、真动脑、真板书、真备课的。现在的课堂和以前最大的不同是很少板书! 提到板书,我就想起临沂市罗西区的朱茂峰老师,他的板书一笔一画,板板正正,简直就像欣赏书法作品。这样的板书,学生能不感兴趣吗? 能记不住吗? 板书内容就是重难点,也是考点。朱老师由于长年研究教材、教师参考书,甚至能预测到中考的作文题目。学校的老师应学习朱老师的精神,认真备课。

在备课时,教师要清楚每节课的学习要点,能将要点用一句简明扼要的话概述出来。在集体备课时,抽签让老师说单元目标、课时目标及重难点,这就逼着老师看教师参考书、看课本。说完后,再让老师现场设计板书,把本节课的要点结构化、条理化。这就是"一说二写"。课件跟着板书走,这样老师就不会过分依赖课件了。以前的集备流程可以继续保留,再增加说目标、写板书这两项内容。所有备课本每一课的第一页必须是板书设计,从板书开始备课。

"三定"定什么呢? 根据学本教学思想,教师要少讲,那么就从时间上进行规定:每堂课上,教师的讲解时间不得多于 20 分钟,多了就定为"差"课。教师一定要落实少讲、精讲、多练的原则。所有的思路、方法都是学生在做题中提炼、归纳出来的。

集体备课既是学校的立教之本和立校之本,也是整体创优、共同提升的不二法门,更是确保不让任何一名学生掉队的根本之策。教师要牢牢抓住集体备课这一提高教学质量的"制高点",推动学校的课堂改革向纵深发展。

追逐光，成为光

　　每个单位都有一些优秀的典型和榜样，他们是我们学习和追逐的目标。成绩优秀的教师一定有其成功的经验，而成绩不理想的教师也必然存在需要改进的地方。成绩不理想的教师要善于发现和挖掘优秀教师身上的宝贵经验，学习、模仿并最终超越他们。这是每一位年轻教师成长的必经之路。

　　成绩不理想的教师要多观察优秀教师是如何教学的，可以采取不提前打招呼的方式去听课，因为这样的课堂才是最真实的，并观察他们在课下如何辅导学生、批改作业、管理班级等，从真实的教学生活中汲取有效的教学方法。同时，优秀教师也要总结、提炼和梳理自己的经验，把真正实用的方法和技巧分享出来，写成文字，供大家学习和借鉴。在此，我推荐两位优秀教师：一位是冯校长，另一位是李丽云老师。希望她们的故事能给年轻教师一些启发。希望大家都能找到自己的榜样，尽快成为优秀教师。

（一）全区第一名冯校长背后的故事

　　冯校长平时会议和工作较多，但她所教的学科成绩在全区名列第一，这是非常了不起的！令人敬佩！那么，她究竟是如何做到的呢？她背后付出了很多的努力，没有人可以随随便便成功。据了解，冯校长的成功可以归纳为"五个不能少"。

　　（1）一节课不能少。无论会议多忙，她总是提前调好课，要么先上完，要么会后补上，从未耽误过一节课。甚至在最后复习阶段，她还专门争取了几个早自习，时间利用得非常充分。

　　（2）一个人不能少。她从不放弃任何一个学生，即使是那些看起来"无药可救"的学生。

　　（3）一题不能少。她认真对待每个知识点和考点，逐题落实，确保学生掌握每一个细节。

（4）个人魅力不能少：教师需要有一定的个人魅力。无论用什么方法，首先要让学生愿意听你的、信服你，然后他们才会认真学习。

（5）教学方法不能少。教学一定是有方法的。教师要努力学习冯校长的教学方法。

（二）李丽云现象

在一个学期内，成绩进步 26 个名次，实属罕见，也实属不易，姑且称之为"李丽云现象"。成绩的提升依赖于课堂和班级管理两个重要抓手。李老师在班级管理上抓得非常紧，只要有她班学生的地方，就有她的身影。她的课堂也必定有独特之处。某一天，我通过监控听了李老师 20 多分钟的课，她的课堂非常朴实、实用，我总结为以下四个特点。

（1）课堂秩序好。90%以上的学生都处于学习状态，能够紧跟老师的讲课节奏。这充分体现了以学生为主、以学生学习为主的学本思想。

（2）讲解细致透彻。李老师对课文字词及段落大意讲解得清晰透彻，以便学生能够听懂并及时做好笔记。

（3）备课扎实。李老师讲课时全程不看课本和教案，达到了备课的第三种境界——备在心中。她对教材内容非常熟悉，注重知识的前后联系。例如，在讲到季羡林时，她引导学生回忆以前学过的课文《自己的花是给别人看的》；在讲解某个语文要素时，她提到了以前学过的《桂花雨》。

（4）独特的站位。李老师喜欢站在教室后面讲课，这样与学生同一方向、同一视角。这种做法是否有理论依据尚不明确，但确实是一种独特的教学方式。

从这节课来看，李老师的课堂并没有特别突出的技巧，但她的课堂非常朴实。希望大家都能关注和观察"李丽云现象"，学习她的课堂教学、课下辅导以及班级管理经验。同时，希望李老师能够总结和提炼自己的经验，传授给年轻教师，以达到共同提高的目标。

最是一年秋好处

——山东省乡村小学骨干校长培训班学习体会

上有天堂,下有苏杭。杭州四季如春,美景如画,尤其是在最美的丰收季节。追随着亚运会的步伐,在山东省教育厅的关心和支持下,我来到了美丽的杭州师范大学,开启了美好的培训之旅。杭州师范大学在吃、住、行等方面都安排得非常周到。我深刻感受到了杭州师范大学师生们的热情与细致,内心充满感激。

本次培训在杭州师范大学恕园 31 号楼举行了开班仪式。经亨颐教育学院陈院长致欢迎词。培训班班主任张教授详细介绍了学习安排,班长周校长代表学员作了表态发言。简约而不简单的开班仪式结束后,第一位为我们作报告的是安富海教授。安教授是浙江省高校领军人才、杭州市"西湖学者"、甘肃省"飞天学者"。他的讲座主题是"学校文化体系建设的思路与案例"。讲座以两个问题开篇:一是学校文化是什么? 二是为什么要进行文化建设? 他指出,文化的核心问题是人,是学校培养的每一个人。真正的文化一旦建立起来,一百年都不会改变。然而在现实中,我们常常看到一任校长提出了一种文化,换了一任校长又换一种文化。通过安教授的讲座,我深刻认识到一个好的校园文化品牌是经得起时间考验的,是可以经久不变的。

安教授还分享了几则案例,如生长教育、林教育、童味教育、立品教育,令我茅塞顿开。文化确实是一个庞大的体系,但其核心一定要简言易行。例如,他在立品教育中提到的"人有品、事有序、善创新、高品质",言简意赅,一听就懂,一看就明。做校园文化,正是要从简单易行入手,才能赋予其持久的生命力。

第二位作报告的是蒋永贵教授,他是经亨颐教育学院的副院长,也是国家教学成果二等奖的获得者。他提出的"学思案,让提高课堂育人质量真落地"让我感受颇深。蒋教授提出了一个问题:到底怎样才算一堂好课?好与不好的标准究竟是什么?他的答案是:好不好要看学生,而不是看教师。一是看学生是否真正学明白了知识,如果知识都没学明白,素养就是空谈;二是看学生的能力是否有发展。只有满足这两点,才能算是一堂好课。

蒋教授还指出了当前集体备课的弊端,有些教师连课本和教师参考用书都不带就去参加教研活动,通常是一人讲,大家听,简单讨论几句就草草结束。这种形式主义的做法,简直就是浪费时间和生命。那么,有没有解决方法呢?答案是肯定的!蒋教授提出,集体备课可以加入备板书环节,要求教师将本课的要点用结构化的方式写出来,比如用"一、二、……"的形式呈现。这种方法效果出奇得好。他还强调,课件应该围绕板书设计,跟着板书走,而不是让课堂完全被课件牵着走。目前,许多老师的课堂完全依赖课件,上课就是播放 PPT,课件反而成了老师的束缚。

第二天,两位一线校长以亲身经历将多年的治校方略毫无保留地分享给我们。听他们的报告,真是一种享受。比如,潘校长的报告《以亲情办学生喜欢的好学校》充满了正能量。他对生活的热爱、对工作的热情与责任感,深深打动了在场的每一位听众。他与孩子们打成一片,亲自参与各种活动,甚至下厨为孩子们煮菜粥。他不仅耕好了自己的"田",还管好了大家的"院"。此外,他还出版了多本书籍。张军林校长在报告中提出:"校长领导学校,最重要的是对办学思想的领导。校长要做好舵手,把握好航向。"我觉得这番话非常有道理。他倡导的"童心教育"——让儿童成为儿童,让每一颗星星都闪耀光芒,与潘校长的情感教育思想一脉相承。真是英雄所见略同!优秀的人总是如此相似。

第三天上午,我们来到了杭州师范大学附属五常中心小学。他们的教育理念"让平常落地,让非常发生"给我留下了深刻的印象。这所学校创办于 1934 年,至今已有 89 年的历史,薪火相传,底蕴深厚。学校以"优质润育,尚美生长"为校训,秉承"文化滋养、承古开新、蒙以养正、玉汝于成"的精神追求,坚持"尚善、尚思、尚勇、尚雅、尚毅"的"五尚"育人目标。在弘扬中华传统经典文化的基础上,该校致力于打造书香校园文化。让平常落地,就是要把常规工作做细、做实、落地。只有这样,才能让"非常"发生,让美好的故事和经典的传奇成为可能。当天下午,我们聆听了耿晓伟教授的报告《以成长型思维,促师生共同发展》。报告中提到的《2022年国民抑郁症蓝皮书》《2023年国民抑郁症蓝皮书》让我感触颇深,尤其是青少年抑郁症数量之多,令人痛心不已。如果不尽快重视心理健康问题,后果将不堪设想。

经亨颐教育学院拥有丰富的专家资源和专业的培训体系。他们热爱教育事业,倾囊相授,毫无保留。满满当当的三天学习让我收获颇丰。感谢杭州师范大学,感谢所有授课的专家教授,也感谢山东省教育厅领导对乡村学校的厚爱与支持。我把此次培训的学习成果带回学校,融入日常工作中,为打造"老百姓家门口的好学校"这一目标而不懈奋斗。

从言行举止中看责任和担当

2022年3月份,我以"为民服务做表率,奋发有为建新功"为主题讲了一堂党课。党员的根本宗旨是全心全意为人民服务。这不仅是一句口号,更是一种行动和实践。党员教师要时刻牢记自己的身份和职责,不忘初心,教书育人,以身作则,做到言行一致,用自己的实际行动影响和带动周围的人。党员如此,普通教师亦是如此。

最近几天在学校发生的一些人和事,正是这一点的生动体现。比如,共产党员张勇同志从家里带来修剪工具,利用课余时间修剪学校的大树。他连续干了好几天,每天早上吃完饭就开始工作。我和他说早上有点凉,等暖和点再干,他却说:"赶紧干完好上课。"还有老黄和老杨这两位年龄最大的老师,他们把学校的活当成自己家的活,无论是体力活还是看班任务,他们总是冲在前面。保洁老宋已经70岁了,依然手脚麻利地帮忙;保安老李利用晚上时间划线,因为白天车辆通行不便。他还主动修理松动的护栏螺丝,并铺设了限速带。临聘老师张帆、王幻、钱胜美、侯自自几乎从不请假,每天早上都早早到校。这就是担当!

还有一个例子,就是餐厅的宋经理。她是寒假后调过来的,之前的王经理因个人原因辞职,兴顺公司便将她从龙腾小学调了过来。初次见面时,她说自己是我的学生,我就顺口鼓励了几句,让她在这里好好干。之后我们没什么交集,毕竟大家都各忙各的,只有在吃饭时才会遇见。某个周一,下着小雨,餐厅里光线较暗,我就把一楼所有的灯都打开了,让环境明亮一些。孩子们吃完饭后离开,老师们开始用餐。大家都集中在前几排,宋经理顺手把后面的灯关掉了。这个小小的举动让我瞬间感到温暖,觉得这位经理有责任心、有担当,把学校当成了自己的家,懂得节约。试想,如果不是把餐厅当成自己的家,谁会想着去关灯呢?等大家都吃完再关也不迟。但她看到暂时用不到的灯,就主动关掉了,这就是把餐厅当成自己的家了,能省一点是一点。从这个细节就能看出她是一位合格甚至优秀的餐厅管理者。

一个学校的风气,是由个体的言行举止共同塑造的。当大家都不约而同、自觉自愿地去做某件事时,即使没有校长的要求,没有制度的约束,他们依然会遵循内心的指引,觉得应该那么做。试想,如果绝大多数人都这么做了,少数人也会自然而然地跟随。当每个人都积极向上,充满正能量时,学校的风气自然会变得更好。风气好了,成绩就会提升,口碑也会随之变好。

告别 2023，迎接 2024

岁月如梭，转眼又是一年。仿佛昨日才踏入 2023 年的门槛，如今却已站在 2024 年的门前。时间就这样，在日出日落、花开花谢之间，悄无声息地溜走了。蓦然回首，过去的日子如流水匆匆，那些温馨的笑容、闪烁的泪光、坚定的步伐，以及成长的瞬间，都在时间的沙滩上留下了深深浅浅的印记。

学校的玉兰文化核心理念中有"合作、共赢"的主题词。在迎接区教育教学综合督导检查的过程中，这一理念得到了充分体现。各科室主任和科室人员不分昼夜地加班，有的甚至带着发烧的孩子一起工作。几位教学骨干主动跑到其他学校了解检查情况，回来后立即补充材料。我被大家认真的工作态度感动，结果反而显得不那么重要了。在督导过程中，大家分工明确，合作无间。有的老师看班，有的老师迎检，没有推诿扯皮，也没有一个闲人。每一位老师都积极参与，没有人置身事外。两位保安早上六点半就开始清扫路面、擦拭宣传栏；保洁人员也早早来到学校，认真打扫厕所。这一切，都是"合作、共赢"理念的最好诠释。

学校的工作，不可能由一个人或几个人就能做好，而是需要所有人在共同目标的引领下，互相合作、彼此帮衬。正如那句话所说："互相搭台，好戏连台。"在成就他人和单位的过程中，个体才能获得成长与进步。这就是合作、成长与进步三者之间的逻辑关系。每个人都要在自己的岗位上履职尽责，提高执行力。如果执行不到位，就不能说是尽职了。无论是打扫卫生的分工、课间安全检查、收费工作，还是学校安排的其他任务，都必须执行到位，确保工作不走样，尽善尽美地完成。只要学校的工作人员心往一处想，劲往一处使，这个学校就会成为一个好学校，而好学校的老师也一定都是好老师。

　　由于文静和歆然请婚假,凌伟和自自老师连续上了四天的课,负责看餐和课后服务。他们不叫苦不叫累,也没有向学校提出任何要求。自自老师还将两个班合并上课,周六还专门来加班整理图书室,这样的工作态度让人由衷敬佩。她这样的人无论走到哪里,无论做什么,都一定会非常优秀。当然,还有很多老师都在默默地奉献、努力和耕耘。例如,刘莲、王幻和自自老师每天都来得很早,风雨无阻;虽然董菲、程凤和闫敏三位老师正在哺乳期,但她们每天来得早、走得晚,从未耽误过一节课,还经常主动承担额外的课程。我想,这正是教师的职业良心和操守的体现,也是积极进取精神的体现。大家都想把工作做好,为了学校、为了学生,也为了自己。在教师成长方面,学校和教师的目标是一致的。教师的成长就是学校的成绩。教师只需努力向前,其他交给时间。只要有梦想,就坚持走下去。

　　教师要共同努力提升学生的成绩。成绩不仅是家长关注的重点,也是社会和各级领导关注的重点,更是学校提高竞争力的关键。关于如何提高成绩,每个教师都有自己的一套方法。适当刷题是必要的,做完的试卷当天要批改出来,并且要讲透、评透、用好,以提高学生复习的积极性和主动性。教师在课余时间要多交流教学方法,也可以回想一下自己当初是如何考上高中和大学的,那些可能也会是行之有效的方法。良好的关系是良好教育的基础,教师要与学生建立良好的关系,要想尽一切办法,赢得学生的信任和尊重。当孩子愿意听从老师的教导时,家长的工作也会变得更容易。当然,有时候老师还需要与家长合作,共同引导孩子,因材施教,注重孩子的个性发展。

　　站在起点,一切都是崭新的!崭新的开始、崭新的面貌、崭新的态度、崭新的习惯!在告别2023、遇见2024之际,让我们怀揣着希望与梦想继续前行。愿每一个人都能在新的一年里找到属于自己的幸福与成长。让我们携手共进、勇攀高峰、创造属于我们的辉煌!

提升学校文化力，助推教育高质量发展

我参加了为期五天的高新区教育系统干部培训班。这五天的培训既有学校管理方面的培训，又有课程方面的专家讲座，还有政治理论和意识形态方面的培训。其中，我对第一场专家讲座尤为感兴趣，加之我一直也在思考学校文化方面的问题，现就齐鲁师范学院林成策教授的报告《学校文化建设与特色品牌学校打造》，结合自己的认知和学校的工作重点，谈谈我的看法。

林教授在报告中指出，学校一切存在方式的总和均可称为学校文化。因此，学校的一草一木、点点滴滴都浸润着文化。林教授将学校文化分为四个部分：理念文化、视觉文化、行为文化和环境文化。他特别强调理念文化的重要性，理念文化是学校最核心的文化，是学校的意识形态，也是学校的上层建筑。理念文化体现了学校文化发展的方向和水准，是学校文化的最高层次，也是学校文化建设的根本着力点。

一、构建理念文化，引领师生行为

办学理念：立德明志，善学进取。立德树人，表明心志，做道德高尚、理想远大的人；善于学习，努力上进，做思维敏捷、积极向上的人。

学校校训：立德、立诚、立信。崇俭耐劳，忠实不欺；上善若水，厚德载物；诚实守信；自信独立，信心百倍。

学校校风：勤奋、互助、情怀。要勤奋，要有互助精神，要有爱国主义情怀。

学校教风：激励、唤醒、鼓舞。用心接纳孩子，用心激励孩子，用心唤醒孩子，用心包容和欣赏每一个学生。

学校学风：合作、创新、求实。互相支持，共同进步，发挥学习共同体的智慧和力量；勇于探索新的领域和思路，敢于创新和尝试；注重实际，追求真实,不虚假浮夸。

我要做的就是为所有的师生构建起理念文化,让理念文化引领他们的行为。

二、精致环境文化,浸润师生身心

环境文化是反映学校形象的隐形教育工程。通过营造和谐、科学的学校环境,达到环境育人的目的。校园环境简单来说有三化:绿化、美化和净化。学校的每一栋楼、每一面墙、每一块绿地都充满了文化气息,形成了良好的教书育人氛围。

教学楼命名为"立德楼",寓意立德树人,先成人再成才。楼前悬挂办学理念"立德明志,善学进取",这是整个校园文化的引领,最上方安装学校校徽。综合楼命名为"终艺楼",意为通过各种社团课程的学习,培养具有艺术修养、兴趣特长和终身学习能力的学生。学校大厅和楼道两侧悬挂了学校的办学理念、书法作品和国学经典等。学校宣传栏制作了文明校园、文明城创建区以及习惯、德育、安全和党建等常规教育文化展示区,以方便师生观阅。在临沂市高新区管委会的大力支持下,学校整体绿化提升了一个档次。环境优美、绿树成荫、鸟语花香,使学生受到美的熏陶和感染。

三、丰富课程文化,培育德艺双馨的学生

学校成立了以体育、艺术、科技和经典诵读等内容为主的社团课程,如经典诵读、足球、舞蹈、七巧板、魔方和航模等课程。通过开发和开设这些社团课程,培养德智体美劳全面发展的人才。

学校打造基于"学本"的"三生三动"(三生指生态、生长、生活,三动指主动、生动、互动)课堂文化样态。教师坚持以探究学习和发现教学为中心,倡导小组合作,采用启发式、合作式和探究式等学习方式。学校曾派出六位教师参加区学本组优质课评比活动,荣获三个一等奖和三个二等奖。通过学本课堂文化的创设,培养学生敢于质疑、乐于表达、善于沟通和合作的品质。

四、提炼核心文化，统领学校发展

教学楼前有两棵非常高大的玉兰树，自建校之初就已存在，具有深厚的历史和文化底蕴。在后期的校园绿化提升工程中，学校又栽种了很多玉兰。因此，学校将玉兰定为校树，玉兰花定为校花。古人有诗赞玉兰曰："净若清荷尘不染，色如白云美如仙；微风轻拂香四溢，亭亭玉立倚栏杆。"玉兰品性正直、素雅高洁，不娇艳、不媚俗、不跟风，舒展自然，落落大方。

玉兰象征的优雅、高洁、进取和向上，正是银城小学追求的核心价值所在。后期，学校又赋予了玉兰敬业、奉献、担当；公开、公平、公正；团结、合作、共赢；互帮、互信、互重等象征意义。这些核心价值文化统领学校发展，使师生有了方向和目标，也有了不竭的动力源泉。

学本课堂改革现状及下一步开展设想

随着学本教学课堂改革的不断深入,学本理念已在师生心里生根、发芽,真正的学习正在课堂发生。

当前,学本课堂改革的实践进入了瓶颈期,具体表现如下。

(1)学本课堂的小组自学、互学、展学已趋于成熟。然而,对于低年级学生来说,小组合作学习仅停留在知识层面。由于学本课堂对学生的学习能力有较高要求,低年级的课堂效果不够显著。

(2)小组合作浮于表面。尽管小组合作和同桌交流使课堂气氛热闹,但是这种表面热闹的背后,隐藏的是教师主导作用的严重缺失,学生对课文理解的不到位,以及学生认知水平和思维能力的停滞不前。另一种浮于表面的现象是"串讲串问",这种教学方式依然存在。以前,课堂教学以老师为中心,老师一个问题接着一个问题地问,学生一个问题接着一个问题地答。在现在的学本教学课堂上,老师的"串讲串问"变成了"小老师"(学生)的串讲串问。教学过程看似顺畅,但学生成了问答的机器,一个学生抛出问题后,另一个学生就不假思索地答出来了,连思考的时间都没有。是问题太简单,还是孩子太聪明?抑或是问题的设计没有抓住重难点?这确实是一个值得深思的问题。

(3)远离生活,课堂枯燥乏味。以语文为例,有些课文与身边的人、事、景、物有联系,不少老师却视而不见,课堂上仍然机械地停留在"教教材"和"看课件"上,这是老师的主观问题。老师将课文内容制作成图片,上课展示给学生,并要求学生看"课件"说话。殊不知,学生的生活中有许多生动的语文例子,何必拘泥于课件,导致课堂教学枯燥乏味。

(4)理想的学本课堂是学生自主管理、自主讲题和自主组织,教师作为指导者参与课堂。然而,现实中的课堂与理想差距很大。教师在实践中没有尝到学本的"甜头",缺乏实践积极性。

(5)学本课堂优质课评比活动较少,常规优质课评比与学本优质课评比对学程和学生活动的要求不一致。常规课和赛课存在偏差,教师需要在两种模式下频繁切换,加上缺乏学本主题的专项比赛,这大大削减了教师的参与积极性。

(6)新教师能够领会学本课堂的理念,但学本课堂的学程、学生的自学、互学、展学仅仅停留于表面,学本的延续推进还有待进一步深化。

基于以上学校学本课堂建设中存在的问题,下一步,学校学本课堂改革开展的设想如下。

(1)俗话说:"思想是行动的先导。"要改变课堂,首要任务是教师改变教学思想。随后,教师还需具备执行力和坚定的信念,勇于承担责任,善于解决思想转变过程中遇到的难题。这一过程需要持续两三年的时间才能显现成效。首先,校长的思想转变是关键,只有校长的思想转变了,教师的思想才有可能随之转变;而教师的思想一旦转变,课堂才有可能发生根本性的改变。

为了推动这一变革,教师应树立学本思想,整体推进教学改革,在课堂中践行"学本思想",将学生视为学习的主体,高度关注他们的学习状态,着重培养学生的学习品质,并着力指导学生进行自主学习。接下来,学校将继续在全学科范围内推进学本教学,牢固树立"学本"理念,凸显"生本"地位,关注每一位学生,鼓励他们自主学习、自主探究,从而培养学生的自主学习能力,使他们真正成为学习的主体。

(2)在推进学本教学的过程中,教师需要明确三个关键点:明确教什么,明确怎么教,以及明确教学要求。同时,学本教学不能回避教师的"教"。实际上,学本的前提是师本,我们必须特别强调教师的主导地位。

关于"教什么",教师应坚决不教那些学生已经掌握的知识,也不教那些学生通过同伴互助能够学会的内容。教师教学的重点应是学生在学习本节课时存在的问题。同时,教师还要遵循一个原则:某个学生回答问题后,将评判答案好坏的权利还给学生。在教学过程中,学生应始终处于主体地位,他们需要判断自己的回答是否有误,如果有误,错在哪里,为什么错;如果无误,是否有更好的方法。这个过程将持续到学生找出问题、更正错误,找到更好的方法,并真正掌握解题方法为止。教师不应轻易地将问题和方法直接讲出,而应鼓励学生主动思考。学生寻找问题和方法的过程,就是他们运用知识、调动思维的过程,这样才能充分激发每个学生的学习积极性。

关于"怎么教",教师要让学生成为"小老师",当他们中的某些人已经掌握了某个知识点时,就让这些学会了的学生来教其他同学。如果班级中没有学生能够教授某个知识点,那么教师再进行讲解。当然,学会了的学生在教授时可能不够完善,方法也不一定最优,这时教师就需要进行补充和归纳。学生讲解的知识点往往能让其他同学记忆深刻。这个环节不仅有助于培养尖子生,还能有效帮助学习有困难的学生。

关于"明确教学要求",教师要特别注意避免就题论题。教学的目标不仅仅是解决眼前的问题,更重要的是教方法、教规律。教师要努力做到教会学生一题后,学生能举一反三。在这个过程中,教师要避免完全包办,而是要尽可能地引导学生思考问题,鼓励他们主动探索和学习。

(3)突出学科特点,深化教学实践。依据2022年发布的课程标准的要求,教师应针对不同学科的特点,重点推进教学改革。在语文和英语学科中,教师要不断寻找"学本"理念与大单元教学的契合点,积极探索大单元背景下的学本教学模式,通过实践不断丰富和完善其内涵。

(4)单项活动引领,培育核心素养。为了凸显"学本"思想,学校设置了个性化、单项的学科活动,旨在通过这些活动培育学生的学科素养。例如,语文学科可以举办诗文朗诵会,数学学科可以开展讲题小达人竞赛,英语学科可以组织课本剧表演。这些富有特色的活动不仅能够让学生增强自信、锻炼能力,还能促进他们的全面发展。

(5)在质疑与解疑过程中彰显学生的自主性。教师要落实"自主探究"的教学方式,就必须重视学生知识、能力、情感、价值观的形成过程。学生探究应围绕问题展开,而关键的问题应源自学生。因为问题是学生提出的,解决这些问题就成了他们自己的事,这样他们做起来往往更主动,效率也更高。当然,教师需对学生提出的问题进行筛选,选出具有共性和研究价值的问题,再引导学生通过研读课文、查找资料、分工协作等方式自主解决。这样,学生在解决问题的过程中就能体验到学习的艰辛与快乐。

(6)寻找课程与生活的共同点。在教学过程中,教师应加强知识点与学生已有经验和生活的联系,这样才能使学生产生浓厚的兴趣。一旦产生浓厚的学习兴趣,学生的学习效果肯定不错。以语文教学为例,学生有了兴趣,才会与文章中的人物产生共鸣,从而取得出乎意料的学习效果。教师可以引导学生回忆与文中人物相同或相似的经历,也可以将学生带入广阔的世界去观察、实践和体会。

(7)信息化教学手段助力学本课堂。课程标准明确指出,教师应利用技术支持平台将在线学习与课堂教学相结合,开展线上线下融合的混合式教学。以数学教学为例,教师可以运用信息技术对文本、图像、声音、动画等元素进行综合处理,从而丰富教学场景,有效激发学生学习数学的兴趣和探究新知的欲望。为实现这一目标,教师应根据不同教学任务和学习对象,选择或结合多种方式进行教学,以突破传统数学教育的时空限制,为学生提供更为丰富的学习资源,为其自主学习创造条件。然而,当前对于多媒体一体机等先进教学设备的开发利用尚显不足,许多教师仅将其用于播放课件和展示板书,未能充分挖掘其更多功能。为此,学校应借鉴高歆然等老师的信息化教学课改经验,通过培训提升全体教师熟练应用信息化教学手段的能力,从而推动学本课堂改革走向深入。通过充分利用信息化教学手段,教师可以进一步赋能学本课堂,提升教学质量与效率。

以"学"为本,共促教学相长。教学改革之路从无捷径可寻,唯有脚踏实地、坚持不懈的实践,方能迎来课堂的高效、学生的茁壮成长以及教育教学质量的显著提升。学校矢志不渝地探索、深耕于这条道路上,满怀期待地静候学本之花璀璨绽放的那一刻,让教育的果实惠及每一位学生与教师。

微笑每一天

读《教育发生的地方》一书时,我注意到了北京市十一学校教育教学诊断中有一项有趣的指标是"我觉得老师风趣、幽默"。有一位东北籍的老师,她自认为天生幽默,对这一项的得分信心满满。然而,结果却出乎意料,她的得分竟然是最低的,远低于年级平均分。这位新入职的老师难以接受这个刺眼的分数。她认为自己在课堂上总是努力活跃气氛,课下也对学生十分亲切,不明白为什么学生还会觉得她不够风趣、幽默。带着这份不解,她开始了"民意调研"。几位和她关系较好的学生直言不讳地说她给人的第一印象是"高冷"。看到她震惊的表情,学生们连忙安慰说:"和你相处久了,就会发现你其实是外冷内热的好老师。"在反思自己的成长经历后,这位老师逐渐认同了学生的"错觉"。

于是,这位老师决定走进同事的课堂,虚心向他们学习如何活跃课堂氛围。她观察到,有些老师在课堂上不经意间讲个笑话,或分享一个看似跑题实则用心安排的故事,这些小插曲总能逗乐学生,让他们在短暂的放松后更加专注于学习。有些老师则将幽默的语言巧妙地融入整个教学过程,使专业知识讲解变得形象生动,引得学生忍俊不禁。还有些老师深入学生群体,采用他们流行的语言授课,这样既便于学生理解,又能迅速拉近师生间的距离。受到这些启发,她开始创造更多机会与学生接触,了解他们的喜好和兴趣。回到家后,她甚至对着镜子练习笑容,结果发现自己不是不会笑,而是不习惯将内心的情绪自然流露在脸上。她提醒自己要发自内心地在学生面前展现真诚的笑容。

经过半个学期的不断练习和改进,她的努力终于得到了学生的认可。在最新的教育教学诊断中,她在"风趣、幽默"这一项上获得了 98 分的高分,远远超过了年级平均分。这一转变不仅让她在教学上取得了显著进步,更重要的是,她学会了如何更好地与学生沟通,用真诚和幽默搭建起师生之间的桥梁。

通过这个故事,我们见证了这位老师的努力与蜕变。它深刻地告诉我们:只要愿意改变,改变就一定会发生,关键在于是否拥有改变的决心。老师在日常教学中往往容易保持一种高高在上的姿态,但这种自我感觉良好的状态并不为学生所买账。若想改善师生关系,老师首先需要放下身段,认识到微笑是一种能力,更是一种强大的教学力量。老师不应小觑这种力量,因为它能够彻底改变课堂的氛围,让学生感受到如沐春风般的温暖,从而对学校和课堂产生由衷的好感。

然而,遗憾的是,现如今许多老师似乎已经忘记了如何微笑。有一个视频曾生动描绘了这样的场景:一位老师在教学楼走廊里兴高采烈地行走,但当即将进入教室时,他立刻放慢了脚步,脸色骤变,阴沉着脸走进教室。这一幕既令人忍俊不禁,又引人深思。老师为何不会笑了呢?为何不愿意在学生面前展示自己的笑容呢?那种发自内心的喜悦和对学生的喜爱究竟去了哪里?

顾明远老先生曾言:"没有爱就没有教育,没有兴趣就没有教学。"爱和微笑才是教育的真正法宝。

微笑如同一缕阳光,能够照进学生的心田,滋润他们的成长。因此,我呼吁所有老师,让我们用微笑去点亮学生的心灵,用爱去滋养他们的成长,共同创造一个更加和谐、美好的教育环境。

线上教学感悟

线上教学筹备阶段，我班教师团队便积极行动起来，共同商讨如何高效有序地开展线上教学工作。老师们提前规划了详尽的上课计划，并精心组建了学习小组，为后续的线上教学活动奠定了坚实的基础。现将我班各项线上教学工作的实施情况总结如下。

一、分层教学

1.分层依据

根据学生的学习情况、学习习惯将学生分成萝卜组和白菜组。

2.制订不同的教学计划

教师在确保萝卜组的学生学会基础知识的前提下，会适度地进行知识拓展。在课堂上，教师鼓励学生积极参与，让学生多说、多讲，发挥他们的自主学习能力。此外，教师还会引导学生将学过的知识进行实践应用，并布置相应的实践作业。

白菜组的学生主要学习课本上的基础知识，夯实基础知识。在课堂上，教师要多提问、多引导、多监督学生，加强师生互动。同时白菜组的学生每天增设一节课，用于进行集中的辅导和答疑，以进一步提升学生的学习效果。

二、建立小组学习机制，多元评价学生

1.建立组长群，发挥组长的组织、管理、评价作用

教师建立组长群，在群里监督和调度组长的工作。组长每天负责检查作业，组织小组讨论，带领组员针对不理解的知识点进行讲解，并提问近期

学习的基础知识。在小组讨论结束后,组长对组员的表现情况进行评价、汇总,并上报给教师。

2.教师调整课堂教学并评价学生

根据组长的汇报,教师有重点地讲解题目。教师根据组长对组员的评价,对学生进行二次评价。

三、加强老师之间的合作,有效开展教学工作

1.班主任做好工作协调

班主任建立班级教师群,以方便协调工作。当任课老师有其他工作安排时,班主任做好协调工作。

2.加强任课老师之间的交流

任课老师在任课期间出现的问题要及时交流,讨论解决方案。

四、加强早读和练字

语文老师和英语老师在早读和练字时间做到实时监督、管理,提高早读和练字效果。同时,教师要对学生的表现及时评价,从而激发学生的积极性。语文老师要注重检查学生的早读背诵情况,学生拍摄闭眼背诵视频发到群里。

五、加强作业监督和反馈

1.语文

教师每天及时批改作业,记录学生的作业完成情况,并将批改结果拍照发到群里。通过这种方式,学生可以清楚地了解自己的学习情况,同时也能意识到教师对他们的学习表现进行了详细记录。这种做法有效加强了对学生学习过程的管控。

2.数学

教师及时批改作业并做好统计,将错误率较高的题目列为典型错例。

在讲解习题时,教师重点分析这些题目,并引导学生分析错误原因,从而提高讲解效率。此外,教师每周对学生的作业情况进行一次汇总统计,并将结果反馈给家长。

3.英语

教师及时反馈学生的作业完成情况,针对学生的问题录制指导视频,帮助学生跟读和学习。

六、通过家访,加强家校沟通

(1)学校开展全员家访活动,教师与家长深入沟通,了解学生居家学习、生活和心理状况。教师向家长反馈学生的课堂表现和作业完成情况,并提供适当的建议。

(2)在家访过程中,针对集中出现的问题,教师要及时反馈并解决,确保问题不留后患。

七、促进学生全方面发展

1.开展统一的文艺活动

学校组织学生开展疫情防控、防溺水手抄报评比活动。

2.组织学生拍摄自己的居家生活

学生可根据自身特长,展示体育、舞蹈、绘画、乐器等方面的才艺,或分享整理、家务等生活技能。通过这种方式,学生充分发挥自己的才能,丰富了线上学习生活。

八、开展线上表彰大会

根据学生的各项表现,教师可以评选出优秀学生并颁发线上奖状,以此激励学生再接再厉,力争上游。评选过程中,教师要特别注重对进步学生的奖励,以鼓励他们继续保持积极的学习态度。

分层教学感悟

在经历了两次线上教学后,老师们在教学过程中发现了许多问题。针对这些问题,老师们积极探索,总结出许多行之有效的解决方法。现将这些经验做法进行梳理和分享,希望能为大家提供参考和帮助。

一、分层教学的具体做法

老师们在线上教学时也会遇到类似的问题。一是班级人数较多,教师点名费时费力。二是教师难以顾及全体学生。尤其是在线上教学中,如果教师监管不到位,学生开小差的概率会大大增加。三是学生知识掌握程度差异较大。当老师讲解较难的题目时,基础差的学生听不懂;当讲解较简单的题目时,优等生又觉得无趣。然而,线上教学也为分层教学提供了契机。以下是教师在分层教学中的具体做法。

(一)制定分层学生名单

根据学生的学习情况、学习习惯,学习能力等方面进行分层,制定分层学生名单。

(二)建立分层班级群

教师根据分层学生名单建立相应的两个群,在创建群组时,务必选择"师生群"类型。因为这类群组的功能与班级群基本相同。这样,当教师在群里发布作业时,对应的学生就能收到相应的作业。此外,教师还可以正常使用课堂模式进行线上教学。

(三)制定管理规则

针对两个不同层次的学生群,管理方式也应有所不同。

1. 优生群的管理

对于优生,教师可以适当放权,鼓励学生进行自我管理,甚至可以分配一些上课任务,让他们提前研究新课内容。在教师为优生讲解完新课后,领取任务的优生可以根据自己的学习研究和教师的讲解,向待优生授课。这种模式要求优生对新课内容进行深入研究和学习,以确保他们能够清晰地传授知识。通过这样的学习与授课过程,优生的能力得到了充分发展,同时也解决了他们"吃不饱"的问题。

2. 待优生群的管理

对于待优生,教师需要加强各方面的管理,包括课堂纪律、提问互动和作业完成情况等。通过更细致的指导和监督,帮助待优生逐步提升学习效果。

(四)分层布置作业

在布置作业时,教师应根据学生的做题效率进行差异化安排。对于优生,教师可以适当增加作业量,以提升他们的能力;而对于待优生,教师布置的作业应以基础题目为主,以帮助他们巩固核心知识。

(五)确定讲课侧重点

1. 优生课堂

对于基础性题目,教师在课堂上不必过多讲解,尽量将时间留给拓展性题目的讲解。同时,教师可以适当放手,让学生参与讲题。例如,通过"抠数字"等互动方式随机选择学生讲题,这样既能调动学生的积极性,又能激发他们的学习兴趣,让他们在课堂上感受到竞争,就像游戏中的比赛一样,谁听得认真、反应快,谁就有机会讲题。这种机制不仅活跃了课堂气氛,还提高了学生的参与感和专注度。

2. 待优生课堂

课堂重点应放在基础性题目的讲解上。在讲解过程中,教师可以穿插提问题目中涉及的知识点,帮助学生巩固所学内容。这种方式不仅能加深学生对知识的理解,还能培养他们分析题目、发现知识点的能力。

二、充分发挥优生的带头作用

由于线上教学时间有限，教师很难在短时间内解决所有学生的问题。教师逐一讲题的方式根本行不通，但对于较差的学生来说，有些题目不讲，他们可能永远无法理解。针对这一问题，学校主要采用了以下两种方法。

（一）小老师讲题视频录制

教师鼓励优秀学生录制讲题视频，并将视频分享到班级群。这样，学习跟不上的学生可以反复观看，从而加深理解。同时，教师也节省了课堂时间，无需逐题讲解，提高了教学效率。

（二）小组合作

从班级中选出优秀学生担任组长，成立四人或五人小组，并由组长建立小组群。教师则建立组长群，用于调度任务和布置工作。在小组群中，组长负责组织讨论，重点围绕当天的家庭作业展开，帮助学习较弱的学生掌握较容易的题目。对于小组内无法解决的问题，组长汇总后上报，由教师统一解答。

三、充分发挥教师的监督、管理作用

再优秀的学生也离不开教师的监督管理。教师是班级群的"定海神针"，需要做到四个到位：管理到位、激励到位、评价到位、奖励到位。只有这样，学生才能真正投入到学习中。

教学本身是一个不断解决教学问题和学生问题的过程。在这个过程中，成长的不仅是学生，还有教师。当教师开始反思教学、努力寻找解决问题的方法时，教师就已经在成长了。道阻且长，唯努力尔。

小娃撑小艇,偷采白莲回

——双月湖小学观课有感

三校联研听课结束后,我一直想写点什么,却未定好题目。直到看到梁继想老师诗中的"小娃撑小艇,偷采白莲回",顿觉贴切。小娃就是我们的学生,撑着小艇,在知识的荷塘中采撷智慧的莲子,习得知识,掌握本领。

第一节是赵存丽老师的课,她将复习内容设计成四个闯关任务,每个任务都限时完成。学生在紧张的节奏中保持思维的高速运转,培养了认真、迅速、有序的学习习惯。整堂课只听到孩子们"刷刷刷"的写字声,效率极高,四个闯关任务涵盖了本单元的字词、重点篇目、古诗复习、单元主题和语文要素。赵老师还不时提醒学生的写字姿势,如"小身板,坐端正""一尺一寸一拳头"。正如主持人所说,赵老师的课简单、高效,这不正是语文复习课追求的目标吗?

第二节是梁继想老师的课。她首先表扬了部分学生,特别是进步生和优秀保持生,通过树立榜样激发全体学生的积极性。每个人都渴望被欣赏,未被表扬的学生心里也会想:"下次我一定要努力,争取被老师表扬。"为了调动学生的学习兴趣,梁老师采用不同的方法处理试卷的四个部分:阅读题难度较大,采用师生合作的方式完成;习作表达直接展示优秀范文,让学生通过倾听和欣赏学习;积累部分难度适中,学生通过小组合作完成;基础知识除个别题目外都比较简单,学生独立处理。

梁教师的课有以下几个优点。①以生为本。在讲试卷时,教师应引导学生在试卷中梳理方法、回顾知识点。教师在这个过程中只是引导者,在关键环节进行点拨。这正契合了"学本教学"的思想。②以法纠错,用法巩固。试卷上的每道题都有适合的解题方法,但教师不能只讲方法,必须将方法落实到具体题目中,让学生在每次做题时都运用这些方法思考、总结。久而久之,方法会内化为能力,最终发展为素养。③由点到面的串联。期末试卷是全册教材的知识链。各种知识和能力是相互关联的,而非孤立存在。通过试卷中的一道题,可以串联起整个单元的知识点,形成完整的知识网络。

课因人而精彩,人因课而成长。我们在观课的同时,更应关注讲课人和课背后的故事。赵存丽老师自 2005 年参加工作以来,一直深耕语文教学一线。无论是带一年级还是六年级,她都深受校领导、同事和家长的认可。为了提升自己,她主动研究"习课堂",其思想与"学本教学"不谋而合。这种主动学习、追求发展的精神,正是值得我们学习的地方。梁老师曾在其他行业做到高管职位,收入颇丰,但她热爱教育事业,认为当教师是她最好的选择。从教一年级开始,她与孩子们朝夕相处六年,班级语文成绩稳居全区第一。她最大的特点是愿意和学生一起读书。在这节课上,我也能感受到师生都具有极高的语文素养,名篇诗句信手拈来,足见其深厚的积累。观课不仅是学方法,更是学人。我们要学习她们身上的坚持与热爱,因为唯有坚持和热爱不可辜负。这才是她们成功的关键。

学校的老师基本都是 80 后、90 后,这是一种优势。快速成长不仅是教师自身发展的需要,也是学校和学生的迫切需求。然而,目前部分教师动力不足,缺乏进取心和自我成长的渴望,不在意教学成绩。鸡蛋从外打破是食物,从内打破才是生命,才是真正的成长。教师们要以赵存丽和梁老师为榜样,制订个人成长规划,争取 3 年胜任岗位、5 年成为骨干、8 年成为名师。我相信,银城小学的教师一定能做到!让我们拭目以待。

希望教师借助三校联盟的平台,向兄弟学校学习,实现共通、共享、共赢、共成长。好风凭借力,扬帆正当时。未来已来,时不我待,让我们一起加油,共同创造临沂银城小学的美好明天!

参考文献

[1] 曹绪娟. 低年级绘本整本书阅读教学实践探索[J]. 小学语文教师,2024(101):116-118.

[2] 陈中杰. 智慧课堂:小学语文教学基本策略[M]. 青岛:青岛出版社,2011.

[3] 丁有宽. 丁有宽小学语文读写结合法[M]. 济南:山东教育出版社,1999.

[4] 顾石红,冒继承. 苏教版国标本第六册习作四:学写"对话"教学设计[J]. 小学作文创新教学,2006(4):2.

[5] 郭华. 跨学科主题学习:提升育人质量的一条新路径[J]. 人民教育,2023(2):25-27.

[6] 何玉玲. 极简主义视角下小学语文课教学策略探研[J]. 语文教学研究,2023(2):13-17.

[7] 课程教材研究所,小学语文课程教材研究开发中心. 义务教育课程标准实验教科书:语文四年级下[M]. 北京:人民教育出版社,2018.

[8] 课程教材研究所,小学语文课程教材研究开发中心. 语文教师教学用书二年级上[M]. 北京:人民教育出版社,2001.

[9] 李蓓. 这样评改,轻松有效[J]. 小学作文创新教学,2008(1):8.

[10] 李国裕. 轻松有效地让小学生学会评改文章[J]. 教育教学论坛,2014(28):107-108.

[11] 李秀伟. 教育言无言[M]. 桂林:广西师范大学出版社,2009.

[12] 李镇西. 做最好的老师:李镇西30年教育教学精华[M]. 桂林:漓江出版社,2014.

[13] 廖茹玲. "小学必背"何以中考"不备"——谈小学必背古诗词的中考境

遇与对策[J]. 语文教学研究,2022(10):52-55.

[14] 鹿崇涛. 语文教学的趣味之道[J]. 山东教育,2023(104):103-104.

[15] 吕美英. 小学生自主评改作文教学的几点做法[J]. 吉林教育,2018
(36):70-71.

[16] 全国中语会青年教师研究中心. 于漪语文教育艺术研究[M]. 济南:山
东教育出版社,1999.

[17] 苏霍姆林斯基. 给教师的建议[M]. 王颖,译. 武汉:长江出版社,2022.

[18] 孙建锋.《公鸡的过错》对作文评价的启示[J]. 河北教育,2004(5):20.

[19] 唐光超. 基于学业质量标准的"情境化"命题设计路径[J]. 小学语文教
师,2024(101):127-130.

[20] 魏秋菊. 小学语文习作教学策略研究[J]. 山东教育,2024(31):63-64.

[21] 章琼. 小学语文童话教学的范式建构[J]. 语文教学与研究,2022(4):
109-112.

[22] 中华人民共和国教育部. 义务教育语文课程标准(2022 年版)[M]. 北
京:北京师范大学出版社,2022.